国家出版基金项目
NATIONAL PUBLICATION FOUNDATION

汉画总录

5

绥德

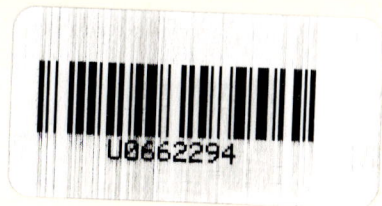

GUANGXI NORMAL UNIVERSITY PRESS
广西师范大学出版社
·桂林·

The Getty Foundation

本项目研究得到盖蒂基金会的资助。
Research for this publication was supported by a grant from the Getty Foundation.

项目统筹　汤文辉　罗文波　李　琳
责任编辑　虞劲松　刘文渊　马文玉
装帧设计　李若静　陆润彪　刘　凛　黄　赟
责任技编　伍智辉

图书在版编目（CIP）数据

汉画总录．5，绥德 / 康兰英，朱青生主编．—桂林：
广西师范大学出版社，2012.8（2023.3 重印）
ISBN 978-7-5495-3118-9

Ⅰ．汉…　Ⅱ．①康…②朱…　Ⅲ．①画像砖－史料－
研究－中国－汉代②画像砖－史料－研究－绥德县－汉代
Ⅳ．K879.444

中国版本图书馆 CIP 数据核字（2012）第 305847 号

广西师范大学出版社出版发行
（广西桂林市五里店路 9 号　邮政编码：541004
网址：http://www.bbtpress.com）
出版人：黄轩庄
全国新华书店经销
广西广大印务有限责任公司印刷
（桂林市临桂区秧塘工业园西城大道北侧广西师范大学出版社集团
有限公司创意产业园内　邮政编码：541199）
开本：787 mm × 1 092 mm　1/16
印张：16　　字数：100 千字
2012 年 8 月第 1 版　　2023 年 3 月第 2 次印刷
定价：800.00 元

序

文字记载，图画象形。人性之深奥、文化之丰富俱在文献形相之中；史实之印证、问题之追索无非依靠文字图形。[1] 汉画乃有汉一代形相与图画资料之总称。

汉代之前，有各种物质文化遗迹与形相资料传世。但是同时代文献相对缺乏，虽可精观细察，恢复格局，重组现象，拾取位置、结构和图像信息，然而毕竟在紧要处，但凭推测，难于确证。汉代之后，也有各种物质文化遗迹与形相资料传世，但是汉代之前问题不先行获得解释，后代的讨论前提和基础就愈加含糊。尤其渊源不清，则学难究竟。汉代的文献传世较前代为多，近年汉代出土文献日增，虽不足以巨细问题尽然解决，但是与汉代之前相比，判若文献“可征”与“不可征”之别。所以，汉画作为中国形相资料的特殊阶段，据此观察可印之陈述，格局能佐之学理，现象会证之说明；位置靠史实印证，结构倚疏解诠释。因图像信息与文字信息的双重存在，将使汉画成为建立中国图像志，用形相学的方法透入历史、文化和人性的一个独特门类。此汉画作为中国文化研究关键理由之一。

两汉之世事人情、典章制度可以用文字表达者俱可在经史子集、竹帛简牍中钩沉索隐，而信仰气度、日常生活不能和不被文字记述者，当在形相资料中考察。形者，形体图像；相者，结构现象。事隔两千年形成古今感受之间的千仞高墙，得汉画其门似可以过入。而中国文明的基业，多始于汉代对前代的总结、集成而制定规范；即使所谓表率万世之儒术，亦为汉儒所解释而使之然。诸子学说亦由汉时学人抄传选择，隐显之功过多在汉人。而道德文章、制度文化之有形迹可以直接回溯者，更是在汉代确立圭臬，千秋传承，大同小异，直至中国现代化来临。往日的学术以文字文献为主，自从进入图像传播时代，摄影、电视造成了人类看待事物的新方法，养成了直接面对图像的解读能力。于是反观历史，对于形相资料的重视与日俱增。因此，由于汉代奠定汉族为主

---

[1] 对于古史，有所谓四重证据法：传世文献+出土文献+出土文物+依地形、位置和建筑建构遗存复原的文化环境设想。但任何史实，多少都有余绪流传至今，则可通过现今活态遗存，以今证古，这是西方人类学、文化地理学中使用的方法。例如，可从近日的墓葬石工技艺中考溯汉代制作；再如，今日非物质文化遗产中的祭祀庆典仪式，其中可能有此地同族举行同类型活动的延承，正所谓“礼失而求诸野”。所以，对于某些历史对象，可以采用“六重证据法”：传世文献+出土文献+出土文物+复原的文化环境设想+现今活态遗存+试验考古（即用当时的工具、材料、技术、观念重新试验完成一遍古代特定的任务）。对问题的追索无非依靠文字和形相两种性质的材料，故略称“文字图形”。

体的文明而重视汉代，由于读图观相的时代到来而重视图画，此汉画之为中国文化研究关键理由之二。

“汉画”沿用习称。《汉画总录》关注的汉画包括画像石、画像砖、帛画、壁画、器物纹样和重要器物、雕刻、建筑（宗教世俗场所和陵墓）。所以，与《汉画总录》互为表里的国家图像数据库[2]则称之为“汉代形像资料”，是为学术名称。

汉画研究根基在资料整理。图像资料的整理要达到“齐全”方能成为汉画学的基础。所谓齐全，并非奢望汉代遗迹能够完整留存至今，而是将现存遗址残迹，首先确定编号，梳理集中，配上索引，让任何一位学者或观众，有心则可由之而通览汉代的形相资料总体，了解究竟有多少汉代图形存世。能齐观整体概况，则为齐也。如果进一步追索文化、历史和人性的问题，则可利用这个系统，有条理、有次序地进入浩瀚的形相数据，横征纵析，采用计算机详细精密的记录手段和索引技术，获取现有的全部图像材料。与我们陆续提供给学界的“汉代古文献全文数据库”和“中文、西文、日文研究文献数据库”互为参究，就能协助任何课题，在一个整体学科层面上开展，减少重复，杜绝抄袭，推动研究，解决问题。能把握学科动态则为全也。《汉画总录》是与国家图像数据库相辅相成的一个长期文化工程，是依赖全体汉画学者努力方能成就的共同事业。一事功成，全体受益。如果《汉画总录》及其索引系统建成完整、细致、方便的资料系统，汉画学的推进，可望会有飞跃。对其他学科亦不无帮助。

汉画编目和《汉画总录》的编辑是烦琐而细致的工作。其平常在枯燥艰苦的境况中日以继夜。此事几无利益，少有名声，唯一可以告慰的是我们正用耐心的劳动，抹去时间的风尘，使中国文明之光的一段承载——汉画，进入现代学术的学理系统中，信息充溢，条理清楚，惠及学界。况且汉画虽是古代文化资料，毕竟养成和包蕴汉唐雄风；而将雄风之遗在当今呈现，是对中国文明的贡献，也是为人类不同文明之间更为深刻的互相理解和世界在现代化中的发展提示参照。

人生有一事如此可为，夫复何求？

编 者

2006 年 7 月 25 日

---

[2] 2005年文化部将中国汉代图像信息综合调查与数据库项目纳入“国家数据库专项”系统。

编辑体例

《汉画总录》包括编号、图片、图片说明、图像数据、文献目录、索引六部分内容。

1. 编号

为了研究和整理的需要，将现有传世汉画材料统一编号。编号工作归属于一个国家项目协调(《中国汉代图像信息综合调查与数据库》为国家艺术科学“十五”规划项目)。方法是以省、区编号(如陕西SSX，山西SX)加市、县，或地区编号(如米脂MZ)再加序列号(三位)，同一汉画组合中的部件在序列号之后加横杠，再加序列号(两位)。比如米脂党家沟左门柱，标示为SSX-MZ-005-01(说明：陕西—米脂—党家沟画像石墓—左门柱)。编号最终只有技术性排序，即首先根据“地点”的拼音缩写的字母排列顺序，在同一地点的根据工作序列号的顺序排序。

地点是以出土地为第一选择，不在原地但仍然有确切信息断定其出土地的，归到出土地编号，并在图片说明中标示其收藏地和版权所有者。如果只能断定其出土地大区(省、区)，则在小区(市、县、地区)部分用“××”表示。比如美国密西根大学博物馆藏的出自山东某地，标示为SD-××-001。如果完全不能断定其出土地点，则以收藏地点缩写编号。

编号完成之后，索引、通检和引证将大为方便。论及某一个形象或画面，只要标注某编号，不仅简明统一，而且可以在《汉画总录》和与此相表里的国家图像数据库(文化部将中国汉代图像信息综合调查与数据库项目纳入“国家数据库专项”系统)中根据检索方法立即找到其照片、拓片、线图、相关图像和墓葬的全部信息，以及关于这个对象尽可能全面的全部研究成果，甚至将来还可以检索到古文献和出土文献的相关信息，以及同一类型图像或近似图像的公布、保存和研究情况。

2. 图片

记录汉代画像石、画像砖的图片采取拓片、照片和线图相比照的方式处理。[1] 传统著录汉画的方式是拓片，拓片的特点是原尺寸拓印。同时，拓片制作时存在对图像的取舍和捶拓手工轻重粗精之别，而成为独立于原石的艺术品。拓片不能完整记录墓葬中画像砖石的相互衔接和位置关系，以及墓葬内的建筑信息，无法记录画像石上的墨线和色彩，对于非平面的、凸凹起伏的浮雕类画

[1] 由于在《汉画总录》的编辑方针中，将线描用于对图像的解释和补充，线描制作者的观点和认识会有助于读者理解，但也形成了一定的误导和局限，因此在无必要时，将逐步减少线描的数量，而把这个工作留待读者在研究时自行完成。

像砖石，也不能有效地记录其立体造型。不同拓片制作者以及每次制得的拓片都会有差异。使用拓片一个有意无意的后果是拓片代替原石成为研究的起点，影响了对画像石的感受和认知。拓片便利了研究的同时也限制了研究。只是有些画像砖石原件已失，仅存拓片，或者原石残损严重，记录画像砖石的拓片则为一种必要的方法。

照片对画像砖石的记录可以反映原件的质地和刻划方法、浮雕的凸凹起伏，能够记录砖石上的墨线和色彩，是高质量的图像记录中不可缺失的环节。线图可以着重、清晰地描绘物像的造型和轮廓，同时作为一种阐释的方法，可以展示、考察、记录研究者对图像的辨识和推证。采取线图、照片、拓片相结合的途径记录画像砖石，可相互取长补短，较为完备。

帛画、壁画和器物纹样一般采用照片和线图。

其他立体图像采用照片、三维计算机图形、平面图和各种推测性的复原图及局部线图。组合图与其他图表的使用，在多部组合关系明确的情况下，一般会给出组合图加以标明，用线描图呈现；在多部组合而关系不明确的情况下则或缺存疑。其他测绘图、剖面图、平面图以及相关列表等均根据需要，随著录列出，视为一种图解性质的“说明”。[2]

3. 图片说明

图片说明分为两个部分。其一是关于图片的基本信息，归入“4. 图像数据”中说明；其二是对于图像内容的描述。描述古代图像时，基于古今处在不同的观念体系中的这一个基本前提，采取不同方式判定图像。

3.1 尝试还原到当时的概念中给予解释[3]，在此方向下通常有两种途径。

3.1.1 检索古代文献中与图像对应的记载或描述，作出判定。但现存的问题，一是并非所有图像都能在文献中找到相应的记载或解释，即缺乏完备性；二是这种对应关系是人为赋予的，文献

[2] 根据编辑需要，在材料和技术允许的情况下，会给出部分组合关系图。由于编辑过程受到各种条件的限制，尽其努力也无法解决全卷缺少部分原石图、拓片、线图的情况，或者极个别原石尺寸不齐的情况，目前保持阙如，待今后在补遗卷中争取弥补。

[3] 任何方式中我们都不可能完全脱离今人的认识结构这一立足点，不可能清除解释过程中“我”的存在，难以避免以今人的观念结构去驾驭古代的概念。完全回到当时当地观念中去只是设想。解释策略决定了解释结果。在第一种方式中，我们的目的不是把自己置换到古人的处境中去体验，而是去认识古人所用概念及其间结构关系。

与图像并不存在必然的联系，且不同研究者可能做出不同的判断[4]；三是现存文献只是当时多种版本的一种，民间工匠制作画像石所依据的口述或文字版本未必与经过梳理的传世文献（多为正史、官方记录和知识分子的叙述）相符。

3.1.2 依据出土壁画上的题记、画像砖石上的榜题、器物上的铭文等出土文字材料，对相应图像做出判定，这种方式切近实况，能反映当时当地的用语，但是能找到对应题记的图像只占图像总体的一小部分。

3.2 在缺失文献的情况下，重构一种图像描述的方式——尽量类型化并具有明晰的公认性。如大量出现的独角兽，在尚不确定称其为“兕”还是“獬豸”时，便暂描述为独角兽，尽管现存汉代文献中可能无“独角兽”一词。同时，图像描述采取结构性方式，即先不做局部意义指定，而是在形状—形象—图画—幅面—建筑结构—地下地上关系—墓葬与生宅的关系—存世遗迹和佚失部分（黑箱）之间的关系等关系结构中，判定图像的性质或意义。尽管没有文字信息，图像在画面和墓葬中的位置和形相关系提供了考察其意义和功能的线索。

在实际图片说明中，上述两种方式往往并用。对图像的描述是在意识到这些问题的情况下展开的，部分指谓和用语延承了以往的研究，部分使用了新词，但都不代表对图像含义的最终判定，而只是一种描述。

4. 图像数据

图片的基本信息（诸如编号、尺寸、质地、时代、出土地、收藏单位等）实际上是图像数据库的一个简明提示。收入的汉画相关信息通过数据库的方式著录，其中包括画像石编号、拓片号、原石照片编号、原石尺寸[5]、画面尺寸、画面简述、时代、出土时间、征集时间、出土地[6]、收藏单位、原收藏号、原石状况（现状）、所属墓葬编号[7]、组合关系、著录与文献等项。文字、质地、色

---

[4] 关于此前题材判定和分类的方法和问题，参见盛磊《四川汉代画像题材类型问题研究》，硕士学位论文，北京大学，2002年。

[5] 原石尺寸的单位均为厘米，书中不再标识。

[6] 出土与征集的区分以是否经过科学发掘为界，凡经正式发掘（无论考古报告发表与否）均记为出土，凡非正式发掘（即使有明确出土地点和位置）均记为征集。

[7] 所属墓葬因发掘批次和年代各异，故记为发掘时间加当时墓葬编号，如1981M3表示党家沟1981年发掘的第3号墓葬。

彩、制作者、订件人、所在位置、相关器物、鉴定意见、发现人中有可著录者，均在备注项中列出。画像石墓表包括墓葬所在地、时代、墓葬所处地理环境、封土情况、发现和清理发掘时间、墓向、墓葬形制、随葬器物、棺椁尸骨、画像石装置，发现人、发掘主持人也在备注项中注出。建立数据库的目的和价值在于对数据库中的所有记录进行检索、比较、统计、分析，以期达到研究的完备性和规范性。[8]

5. 文献目录

文献目录列出一个区域（指对汉画集中地区的归纳，如陕北、南阳、徐州、四川等，多根据汉画研究的分区，而非严格的行政区划）有关汉画内容的古文献、研究论著和论文索引，并附内容提要。在每件汉画著录中列专项注出其相关研究文献。

6. 索引

按主题词和关键词建立索引项，待全部工作结束之后，做成总索引。因为《汉画总录》的分卷编辑虽然是按现在保管地区为单位齐头并进，但各种图像材料基本按出土地点各归其所，所以地名部分不出分卷索引，只在总索引中另行编排。

朱青生
北京大学历史学系艺术史教研室
北京大学汉画研究所
2006 年 7 月 31 日

---

[8] 对于存在大量样本和繁杂信息的研究对象，数据库的应用是有效的。在考古类型学中，传统的制表耗费时力，且不便记忆和阅读，细碎的分类常有割裂有机整体之弊。《汉画总录》的设想是：（1）无论已有公论还是存疑的图像，一律不沿用旧有的命名及在此基础上的分类，而按一致的规范和方法记录；（2）扩大图像信息的范畴，全面记录相关要素，包括出土状况（发掘/清理/收集）、发现人、出土时间、出土地点及其所属古代区划、画像材质、尺寸、所属墓葬形制、画像位置、随葬器物及其位置、画像保存状况、铭文、已有断代、画像资料出处、相关图片、相关研究、收藏地等。图像则记录单位图像的位置及其间的组合情况；（3）利用数据库，按不同线索和层次对图像信息进行查询、检索，根据统计结果作出判断。

目　录

前言

目前全国画像石的分布区域，大致划定了四个大区，陕北为其一。按照今天的行政区划，陕北应包括延安、榆林两个地区。早在20世纪20年代发现郭季妃夫妇合葬墓画像石以来，榆林地区所辖的十二个县中，绥德、米脂、神木、榆阳区、靖边、横山、子洲、清涧、吴堡等地不断发现画像石，截至目前，数量已逾1200块。北部相邻的内蒙古地区壁画墓的发现和少量的画像石出土，说明画像石的流行地域已经北至内蒙古包头一带。[1]东南部隔黄河相望的山西省晋西北离石地区大量和陕北画像石风格相一致的画像石的发现，均打破了今天关于“陕北”的行政区划。而南部与榆林毗连区划属于“陕北”的延安地区却至今未见有汉代画像石出土的报道。

汉代的上郡、西河、朔方等郡同属并州。上郡辖地极广，东部已过黄河，西部至梁山山脉，北部跨越圜水直至无定河流域，南部尽桥山包括了延安地区的部分地域。西河郡本魏地，战国末并入秦。大致范围在今内蒙古伊克昭盟、榆林市、晋西北地区。顺帝永和五年（公元140年）汉王朝迫于匈奴的军事威胁，将西河郡治所由内蒙古的平定迁至今山西省离石县。今陕北榆林地区和山西省吕梁地区、内蒙古中南部部分地区分别是上郡和西河郡的辖地，画像石就出在汉代上郡和西河郡的辖地范围内。因此，目前，不论从汉代郡县的格局和范围，还是从今天的行政区划来看，加上画像石出土情况的佐证，“陕北画像石”这一习惯性称谓显然不准确，以行政区划分别称之“榆林地区画像石”、“晋西北画像石”、“伊克昭盟画像石”较为合适。

榆林地区画像石墓主要分布在盛产石板的汉代郡县设置地的周围，即今无定河流域的绥德、米脂、子洲、清涧、吴堡县，窟尾河流域的神木县，位于长城沿线，又在无定河流域的榆阳区、横山、靖边三县均有发现。神木县大保当、乔岔滩，榆阳区麻黄梁、红石桥的画像石出土地，已跨越长城以外。画像石中狩猎题材的画面，头戴胡帽、身着异服、脚蹬筒靴的牵驼人，舞者，技击者形象，墓葬中以狗、羊、鹿杀殉的习俗，残留的随葬器物铜马具、带扣等，明显具有匈奴文化特征；肩部篆刻“羌”字的陶罐，明显反映了羌人的遗风。这些实物资料对于研究古代北方多民族聚居的大概情形弥足珍贵。

秦汉时期，上郡、西河郡均为边郡之地，屯兵必多，加上移民实边的人数增加，促进了这一带的农牧业、手工业和商业的大发展，随之产生了众多大地主、大牧主、经商富户，还有那些戍边的将士，他们或者富甲一方，或者权势赫赫，在盛产石板的上郡、西河郡的辖地范围内，众多权势之流、富豪之辈，争相效仿，营造规格相对较高的画像石墓的群体逐渐形成，用画像石装饰

[1] 《包头发现汉代彩绘画像石墓》，载《美术观察》2008年第11期，34页。

墓室的葬俗便风行起来。绥德县黄家塔、四十里铺、延家岔，米脂县官庄，神木县大保当均有大的画像石墓葬群遗存。从铭刻文字的纪年石看，黄家塔、官庄同一墓地近距离内出土的多块铭刻王姓、牛姓的铭文，可证明是王氏、牛氏家族墓地。依据墓葬的排列形式、布局、墓室内的遗存，结合铭刻的文字内容，对于研究家族墓地形成的时代以及家族辈分之间的承袭关系都是不可多得的实物佐证。

汉代上郡、西河郡一带一定有些享誉一时的能工巧匠，绥德黄家塔辽东太守墓出土的画像石上铭刻的“巧工王子、王成”就是其中的代表。神木大保当、绥德郝家沟、榆阳区麻黄梁出土的画像石上，形制规格完全相同的长方形印记，是否就是当时某个活跃在从神木到绥德数百里地域内的知名匠师或石工作坊的标识，也是我们探索诸如区域性艺术和不同工匠的技术水平、传统特色的实物依据。

榆林地区画像石产生、盛行的时代背景（包括政治、经济、文化、观念和习俗），与其他地区画像石的源流关系、地域性差异，制作画像石的匠师、石工的组合及流派，使用格套模本的制作习惯、地域习惯和流行风气等因素所起的作用，同一题材的单元在画像石中的应用、同一题材的画像石在墓室设放的位置，特定区域不同时期的画像题材、技法和风格变化，等等，都是有待进一步追索的课题。

《汉画总录》1-10 卷采用数据库方式著录目前所能收集到的画像石的原石照、拓片和线描图，编辑时不对所见材料做任何刻意诠释，而是作为对榆林地区画像石进行整体性观察和研究的较为全面的基础样本。

《汉画总录》编辑部

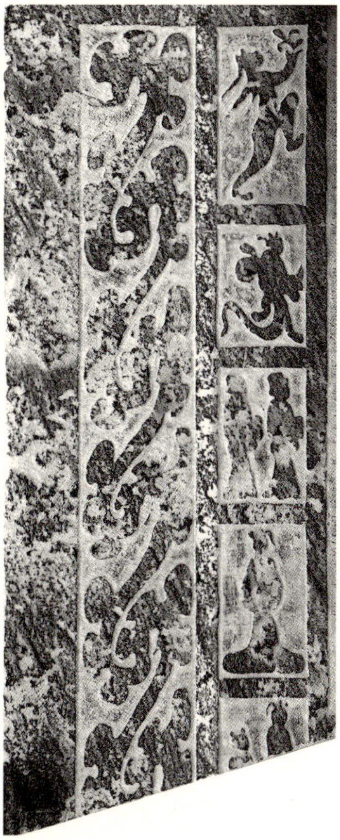

编号	SSX-SD-041-01
时代	东汉
原收藏号	2273-145
出土地	四十里铺镇
原石尺寸	82×36×6
画面尺寸	77×24
质地	砂岩
原石情况	正面、背面平整；上侧面平整，凿斜纹；左侧面平整，凿斜纹；原石下截残佚；右侧面呈毛石状。
所属墓群	不详
组合关系	左门柱，与右门柱为二石组合。
画面简述	画面分为内、外两栏。外栏为卷云纹。内栏自上而下分为六格（最下两格残失）。第一格：羽人持献瑞草。第二格：人首人身蛇尾神执规。第三格：两人着袍，一前一后袖手面右站立。第四格：一妇人头梳垂髾髻，身着拖地长裙袖手站立。
著录与文献	李林、康兰英、赵力光：《陕北汉代画像石》，西安：陕西人民出版社，1995 年，图 510；绥德汉画像石展览馆编，李贵龙、王建勤主编：《绥德汉代画像石》，西安：陕西人民美术出版社，2001 年，167 页，图 98；曹世玉总编：《绥德文库——汉画像石卷》，北京：中国文史出版社，2004 年，260 页，图 217。
出土/征集时间	1974 年征集
收藏地	绥德县博物馆

编号	SSX-SD-041-02
时代	东汉
原收藏号	2274-146
出土地	四十里铺镇
原石尺寸	156×36×7
画面尺寸	100×24
质地	砂岩
原石情况	正面、背面平整；上侧面、左侧面平整，凿斜纹；下侧面、右侧面呈毛石状。
所属墓群	不详
组合关系	右门柱，与左门柱为二石组合。
画面简述	画面分为内、外两栏。外栏为卷云纹。内栏自上而下分为六格。第一格：羽人持献瑞草。第二格：人首人身蛇尾神执规。第三格：两人着袍，一前一后袖手面左站立。第四格：一妇人头梳垂髾髻，身着拖地长裙袖手站立。第五格：一妇人头梳垂髾髻，身着拖地长裙袖手面左站立，身后一小孩头梳双丫髻，着袍站立。第六格：两只鸡伫立。
著录与文献	李林、康兰英、赵力光：《陕北汉代画像石》，西安：陕西人民出版社，1995 年，图 511；绥德汉画像石展览馆编、李贵龙、王建勤主编：《绥德汉代画像石》，西安：陕西人民美术出版社，2001 年，167 页，图 98；曹世玉总编：《绥德文库——汉画像石卷》，北京：中国文史出版社，2004 年，260 页，图 218。
出土/征集时间	1974 年征集
收藏地	绥德县博物馆

编号 SSX-SD-042-01

时代 东汉

原收藏号 2271-143

出土地 四十里铺镇

原石尺寸 137×36

画面尺寸 94×29

质地 砂岩

原石情况 正面、上侧面平整；下侧面呈毛石状；左、右侧面平整，凿斜纹。

所属墓群 不详

组合关系 左门柱，与右门柱为二石组合。

画面简述 画面自上而下分为四格。第一格：人物拜会图。两人戴冠着袍，拥袖对坐。身后各有一戴帻巾着袍者，手捧笏板状物，跪于地拜谒。第二格：百戏图。上两武士各持钩镶和短刀，对打竞技。下有两人一手执桴，一手持巾，击鼙鼓而舞。另一人发辫后甩，手舞足蹈，似在伴舞。第三格：人物拜会图。五人均戴冠着袍，两边的三人袖手站立，似在恭听。中间的两人相对站立，伸手作讲述状。第四格：一棵枝繁叶茂的树下立一马槽，树枝上挂着马的配饰。一马伫立于马槽边。一人戴帻着长襦大袴，张弓瞄射树枝上落站的鸟。

著录与文献 李林、康兰英、赵力光:《陕北汉代画像石》，西安：陕西人民出版社，1995年，图512；汤池：《中国画像石全集5：陕西、山西汉画像石》，济南：山东美术出版社，2000年，图136；绥德汉画像石展览馆编，李贵龙、王建勤主编：《绥德汉代画像石》，西安：陕西人民美术出版社，2001年，158页，图89；曹世玉总编：《绥德文库——汉画像石卷》，北京：中国文史出版社，2004年，126页，图68。

出土/征集时间 1974年出土

收藏地 绥德县博物馆

编号	SSX-SD-042-02
时代	东汉
原收藏号	2272-144
出土地	四十里铺镇
原石尺寸	156×40
画面尺寸	94×29
质地	砂岩
原石情况	正面、上侧面平整，原石断为两截。下侧面呈毛石状。右侧面平整，凿斜纹。左侧面下有局部呈毛石状。
所属墓群	不详
组合关系	右门柱，与左门柱为二石组合。
画面简述	画面自上而下分为四格。第一格：人物拜会图。两人戴冠着袍，拥袖对坐。身后各有一戴帻巾着袍者，手捧笏板状物，跪于地拜谒。第二格：百戏图。上两武士各持钩镶和短刀，对打竞技。下有两人，一手执桴，一手持巾，击鼙鼓而舞。另一人发辫后甩，手舞足蹈，似在伴舞。补白一株瑞草。第三格：人物拜会图。五人均戴冠着袍，两边的三人袖手站立，似在恭听。中间的两人相对站立，伸手作讲述状。第四格：一棵枝繁叶茂的树下立一马槽，树枝上挂着马的配饰。一马伫立于马槽边。一人戴帻着长襦大袴，张弓瞄射树枝上落站的鸟。人上有菱形物，不明。
著录与文献	李林、康兰英、赵力光:《陕北汉代画像石》，西安：陕西人民出版社，1995 年，图 513；绥德汉画像石展览馆编，李贵龙、王建勤主编：《绥德汉代画像石》，西安：陕西人民美术出版社，2001 年，158 页，图 89；曹世玉总编：《绥德文库——汉画像石卷》，北京：中国文史出版社，2004 年，126 页，图 69。
出土/征集时间	1974 年出土
收藏地	绥德县博物馆
备注	左、右门柱上面三格为同一模板制作。

编号	SSX-SD-043
时代	东汉
原收藏号	2341-213
出土地	四十里铺镇
原石尺寸	168×38
画面尺寸	168×31
质地	砂岩
原石情况	正面、上侧面平整；下侧面平整，凿斜纹；左、右侧面为断面。原石左右两段残佚。
所属墓群	不详
组合关系	不详
画面简述	画面分为上、下两栏。上栏为卷云鸟兽纹。卷云间穿插仙人骑龙、虎形兽、龙、羽人执瑞草戏（喂？）麒麟。下栏左为车骑狩猎图。两猎手围射奔逃的狐、兔、鹿。补白苍鹰踏兔。猎手之后是一执弓骑吏前导，一辆屏车行进，后为一徒手骑吏从卫。右边是迎迓图，两人戴冠着袍，双手捧简牍状物，恭迎将要前来的贵宾。两骑吏导引的可能是长长的车骑队列。
著录与文献	李林、康兰英、赵力光：《陕北汉代画像石》，西安：陕西人民出版社，1995 年，图 480；汤池：《中国画像石全集 5：陕西、山西汉画像石》，济南：山东美术出版社，2000 年，图 159；绥德汉画像石展览馆编，李贵龙、王建勤主编：《绥德汉代画像石》，西安：陕西人民美术出版社，2001 年，116 页，图 63；曹世玉总编：《绥德文库——汉画像石卷》，北京：中国文史出版社，2004 年，174 页，图 123。
出土/征集时间	1974 年出土
收藏地	绥德县博物馆

147

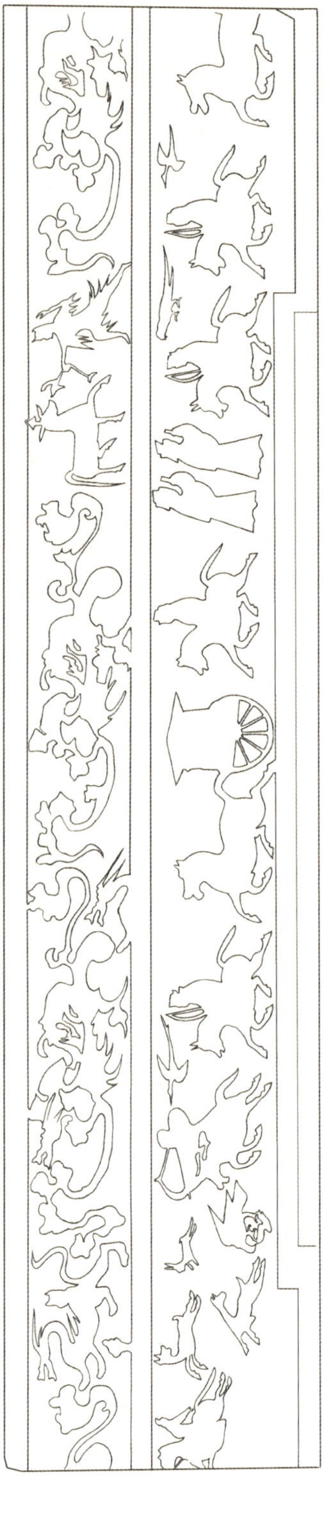

213

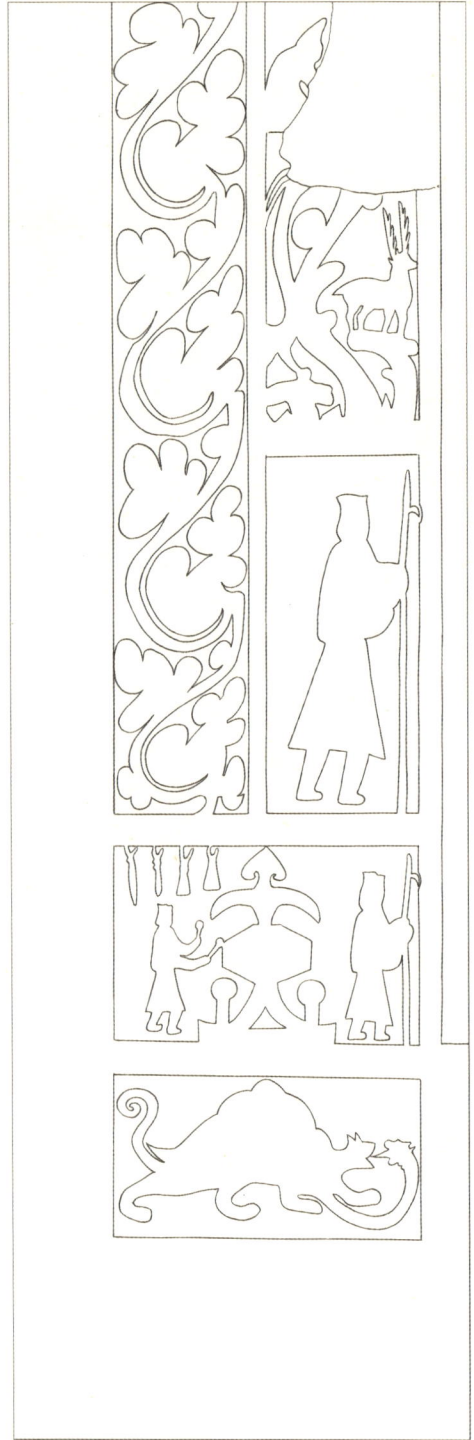

编号	SSX-SD-044-01
时代	东汉
原收藏号	2275-147
出土地	四十里铺镇
原石尺寸	123×40
画面尺寸	106×27
质地	砂岩
原石情况	正面、上侧面、左侧面、下侧面平整；右侧面平整，凿斜纹。
所属墓群	不详
组合关系	左门柱，与右门柱为二石组合。
画面简述	画面自上而下分为三格，上格分为内、外两栏。外栏为卷云纹。内栏上半段残，据惯例当为东王公坐于神树之巅，树干间有龙、鹿。下一门吏头带帻巾，身着长襦，持棨戟面门而立。中格置一建鼓，左一人双手持鼓槌击鼓。鼓上羽葆。击鼓人头上方悬有磬等打击乐器。右一人持棨戟站立。墙上悬挂刀、短剑等工具。下格为玄武。
著录与文献	李林、康兰英、赵力光：《陕北汉代画像石》，西安：陕西人民出版社，1995年，图514；汤池：《中国画像石全集5：陕西、山西汉画像石》，济南：山东美术出版社，2000年，图125；绥德汉画像石展览馆编，李贵龙、王建勤主编：《绥德汉代画像石》，西安：陕西人民美术出版社，2001年，156页，图87；曹世玉总编：《绥德文库——汉画像石卷》，北京：中国文史出版社，2004年，41页，图6。
出土/征集时间	1974年出土
收藏地	绥德县博物馆

编号	SSX-SD-044-02
时代	东汉
原收藏号	2276-148
出土地	四十里铺镇
原石尺寸	124×42
画面尺寸	106×27
质地	砂岩
原石情况	左侧面平整，凿斜纹；右侧面局部为毛石状。
所属墓群	不详
组合关系	右门柱，与左门柱为二石组合。
画面简述	画面自上而下分为三格，上格分为内、外两栏。外栏为卷云纹。内栏上部为西王母头戴胜仗，坐于神树之巅，左右有玉兔、羽人跪侍。树干间有狐、鹿、飞鸟、瑞草。下一门吏头带帻巾，身着长襦，拥彗面门而立。中格置一建鼓，右一人双手持鼓槌击鼓，左一人持棨戟站立。下格为玄武。
著录与文献	李林、康兰英、赵力光：《陕北汉代画像石》，西安：陕西人民出版社，1995年，图515；汤池：《中国画像石全集5：陕西、山西汉画像石》，济南：山东美术出版社，2000年，图126；绥德汉画像石展览馆编，李贵龙、王建勤主编：《绥德汉代画像石》，西安：陕西人民美术出版社，2001年，156页，图87；曹世玉总编：《绥德文库——汉画像石卷》，北京：中国文史出版社，2004年，41页，图7。
出土/征集时间	1974年出土
收藏地	绥德县博物馆
备注	左、右门柱同一格套，上格外栏卷云纹、下格的玄武使用同一模板制作。

编号	SSX-SD-045
时代	东汉
原收藏号	2372-244
出土地	四十里铺镇
原石尺寸	161×30
画面尺寸	145×28
质地	砂岩
原石情况	正面、上侧面平整；下侧面左端突起 2×15 厘米，呈毛石状；左、右侧面呈毛石状。
所属墓群	不详
组合关系	不详
画面简述	画面分为内、外两栏。外栏为阴线刻变形夔龙纹和阳刻的绶带穿璧纹。内栏为历史故事“二桃杀三士”。画面上高柄豆形盘内置放两个桃子，田开疆、公孙接从盘中取桃，台左是怒目持剑随时准备拼杀的古冶子，其身右一人手执短棒，回首窥看。右边是低头窍笑的晏婴，两位执鸠杖的老者。其右有两人对舞。居左者劈腿坐于地，手执短棒，双臂挥袖朝上。居右者戴冠着宽袖长袍，挥袖而舞。台下站立的三人均戴冠着袍袖手而立。
著录与文献	李林、康兰英、赵力光：《陕北汉代画像石》，西安：陕西人民出版社，1995 年，图 462；汤池：《中国画像石全集 5：陕西、山西汉画像石》，济南：山东美术出版社，2000 年，图 155；绥德汉画像石展览馆编，李贵龙、王建勤主编：《绥德汉代画像石》，西安：陕西人民美术出版社，2001 年，114 页，图 62；曹世玉总编：《绥德文库——汉画像石卷》，北京：中国文史出版社，2004 年，304 页，图 272。
出土/征集时间	1974 年出土
收藏地	绥德县博物馆

编号	SSX-SD-046
时代	东汉
原收藏号	2366-238
出土地	四十里铺镇
原石尺寸	208×34
画面尺寸	146×32
质地	砂岩
原石情况	正面、上侧面平整，下侧面凿斜纹或人字纹，左、右侧面呈毛石状。
所属墓群	不详
组合关系	不详
画面简述	仙人骑鹿图。画面正中一朱雀伫立，一鸟飞翔。左有一梅花仙鹿伫立，骑在其背上的仙人甩发辫，抖披风，悠然自得。右有一仙鹿四蹄腾空，昂首飞奔，骑在仙鹿背上的仙人的发辫端竖，身体后仰，披风飘拂。画面左、右两边阳刻卷云飘绕。
著录与文献	李林、康兰英、赵力光：《陕北汉代画像石》，西安：陕西人民出版社，1995 年，图 461；汤池：《中国画像石全集 5：陕西、山西汉画像石》，济南：山东美术出版社，2000 年，图 154；绥德汉画像石展览馆编，李贵龙、王建勤主编：《绥德汉代画像石》，西安：陕西人民美术出版社，2001 年，132 页，图 71；曹世玉总编：《绥德文库——汉画像石卷》，北京：中国文史出版社，2004 年，198 页，图 156。
出土/征集时间	1974 年出土
收藏地	绥德县博物馆

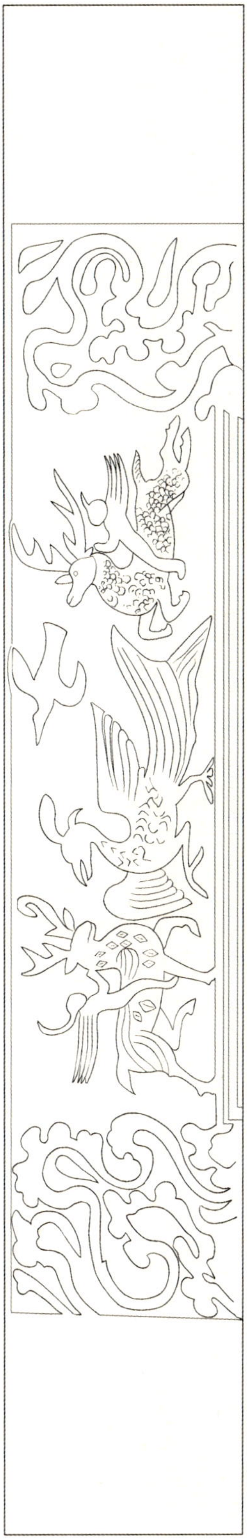

编号	SSX-SD-047
时代	东汉
原收藏号	2319-191
出土地	四十里铺镇
原石尺寸	128×37
画面尺寸	103×33
质地	砂岩
原石情况	正面、上侧面平整；下侧面呈毛石状；左侧面平整；右侧面平整，凿斜纹。
所属墓群	
组合关系	不详
画面简述	画面分为上、下两格。上格画面分为三层。第一层：无序地刻画了麒麟、立鸟、飞鸟、翼龙。两怪兽相对，其一背生双翼，尾分叉，嘴衔丹；另一怪兽尾若树枝分叉，背生单翼，两前臂张开，跪于地上。第二层：二舞伎均头梳双丫髻，一手执桴，一手持巾，敲击鼙鼓，跳盘鼓舞。另一人发辫后甩，挥臂伴舞，手执物不明。第三层：两只盘角羊相向而行。下格为独角兽。
著录与文献	李林、康兰英、赵力光：《陕北汉代画像石》，西安：陕西人民出版社，1995年，图552；汤池：《中国画像石全集5：陕西、山西汉画像石》，济南：山东美术出版社，2000年，图182；绥德汉画像石展览馆编，李贵龙、王建勤主编：《绥德汉代画像石》，西安：陕西人民美术出版社，2001年，181页，图112；曹世玉总编：《绥德文库——汉画像石卷》，北京：中国文史出版社，2004年，369页，图343。
出土/征集时间	1974年出土
收藏地	绥德县博物馆

编号	SSX-SD-048
时代	东汉
原收藏号	2316-188
出土地	四十里铺镇
原石尺寸	228×38
画面尺寸	223×30
质地	砂岩
原石情况	原石左下角残佚，右端断失。
所属墓群	不详
组合关系	不详
画面简述	画面以中间的二层阁楼分为左、右两部分。两层楼阁建于台基之上，左台基上一小孩头梳双丫髻，着袍站立。右台基上一人捧简牍跪于地。屋面上羽人和猿攀爬。一层阁楼中两人拥袖对坐于榻上。阁楼左右均分为上、下两栏。上栏都为卷云纹。下栏为牧场图。左牛羊成群，右骏马衔尾。画面中狐兔追逐，鹿奔鸟飞，生机盎然。
著录与文献	李林、康兰英、赵力光：《陕北汉代画像石》，西安：陕西人民出版社，1995 年，图 474；汤池：《中国画像石全集 5：陕西、山西汉画像石》，济南：山东美术出版社，2000 年，图 157；绥德汉画像石展览馆编，李贵龙、王建勤主编：《绥德汉代画像石》，西安：陕西人民美术出版社，2001 年，108 页，图 59；曹世玉总编：《绥德文库——汉画像石卷》，北京：中国文史出版社，2004 年，286 页，图 245。
出土/征集时间	1974 年征集
收藏地	绥德县博物馆

126
126

编号	SSX-SD-049
时代	东汉
原收藏号	2254-126
出土地	四十里铺镇
原石尺寸	116×56×5
画面尺寸	108×44
质地	砂岩
原石情况	正面平整，右上角石面剥蚀平整；上侧面平整，凿细斜纹；下侧面及右侧面平整，凿人字纹；左侧面呈毛石状。
所属墓群	不详
组合关系	不详
画面简述	画面分为左、中、右三栏。左栏为忍冬纹（？）。中栏为青龙、白虎、鹿、怪兽。右栏上为西王母（东王公？）端坐于神树之上，左、右有羽人、玉兔跪侍。神树干间有狐、鹿、飞鸟、瑞草。中为一吏，戴冠着官服，胡须飘拂，手执笥牍，腰挂长剑面右而立。下为玄武。
著录与文献	李林、康兰英、赵力光：《陕北汉代画像石》，西安：陕西人民出版社，1995 年，图 534；绥德汉画像石展览馆编，李贵龙、王建勤主编：《绥德汉代画像石》，西安：陕西人民美术出版社，2001 年，182 页，图 113；曹世玉总编：《绥德文库——汉画像石卷》，北京：中国文史出版社，2004 年，412 页，图 374。
出土/征集时间	1974 年征集
收藏地	绥德县博物馆
备注	其中模板横、竖排列混合。

编号	SSX-SD-050
时代	东汉
原收藏号	2346-218
出土地	四十里铺镇
原石尺寸	120×35×7
画面尺寸	99×26
质地	砂岩
原石情况	正面、背面、上侧面平整；下侧面呈毛石状；左、右侧面平整，凿人字纹。
所属墓群	不详
组合关系	不详
画面简述	画面分为左、右两栏。左栏为两只浅浮雕长尾瑞兽。右栏为卷云纹。
著录与文献	李林、康兰英、赵力光：《陕北汉代画像石》，西安：陕西人民出版社，1995年，图550。
出土/征集时间	1974年征集
收藏地	绥德县博物馆

编号	SSX-SD-051
时代	东汉
原收藏号	2334-206
出土地	四十里铺镇
原石尺寸	123×18
画面尺寸	110×9
质地	砂岩
原石情况	上、左、右侧面平整，下侧面呈毛石状。
所属墓群	不详
组合关系	不详
画面简述	篆体阳刻“徐无令（？）乐君永元十年造作万岁吉宅”十五个字。
著录与文献	李林、康兰英、赵力光:《陕北汉代画像石》，西安：陕西人民出版社，1995 年，图 610；绥德汉画像石展览馆编，李贵龙、王建勤主编：《绥德汉代画像石》，西安：陕西人民美术出版社，2001 年，192 页，图 123；曹世玉总编：《绥德文库——汉画像石卷》，北京：中国文史出版社，2004 年，504 页，图 472。
出土/征集时间	1974 年征集
收藏地	绥德县博物馆

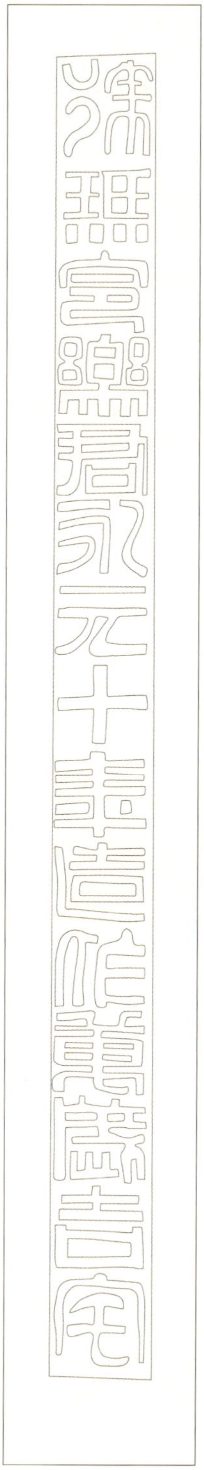

编号	SSX-SD-052
时代	东汉
原收藏号	2379-251
出土地	四十里铺镇
原石尺寸	10×173×64
画面尺寸	10×173
质地	砂岩
原石情况	正面、左侧面、右侧面平整，下侧面呈毛石状。
所属墓群	不详
组合关系	不详
画面简述	篆味隶体阴线刻“永元十六年三月廿五日甲申西河太守掾任孝孙之室”二十二个字。
著录与文献	李林、康兰英、赵力光：《陕北汉代画像石》，西安：陕西人民出版社，1995 年，图 611；绥德汉画像石展览馆编，李贵龙、王建勤主编：《绥德汉代画像石》，西安：陕西人民美术出版社，2001 年，192 页，图 123；曹世玉总编：《绥德文库——汉画像石卷》，北京：中国文史出版社，2004 年，505 页，图 474。
出土/征集时间	1974 年征集
收藏地	绥德县博物馆

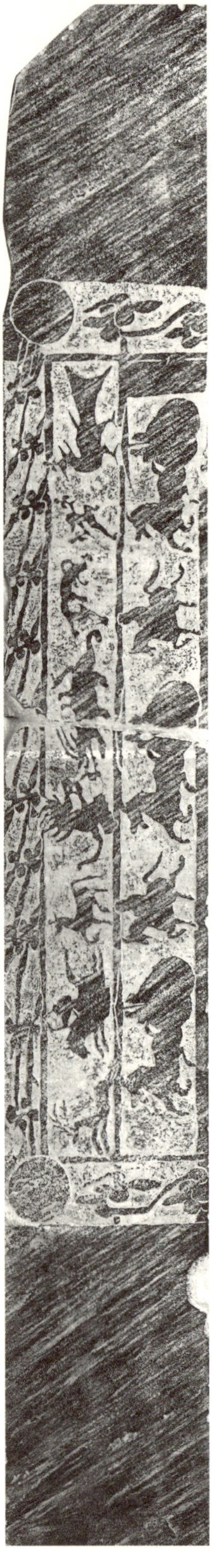

编号	SSX-SD-053
时代	东汉
原收藏号	2253-125
出土地	四十里铺镇
原石尺寸	260×39×7
画面尺寸	156×36
质地	砂岩
原石情况	正面、背面、上侧面呈毛石状；下侧面平整；左、右侧面呈毛石状。
所属墓群	不详
组合关系	不详
画面简述	画面分为内、外两栏。外栏为忍冬纹，左、右两端各阳刻一圆形，象征日、月。内栏分为上、下两栏。上栏左边一猎手骑马张弓追射一奔逃的雄鹿。一毛发蓬张的怪兽跪于地，双手捧物奉献于面前的翼龙。翼龙身后为一牛形怪兽。右边为羽人向面前伫立的凤鸟持献瑞草。下栏为车骑行进图。三辆轺车之间有两骑吏随行。
著录与文献	李林、康兰英、赵力光：《陕北汉代画像石》，西安：陕西人民出版社，1995年，图463；汤池：《中国画像石全集5：陕西、山西汉画像石》，济南：山东美术出版社，2000年，图158；曹世玉总编：《绥德文库——汉画像石卷》，北京：中国文史出版社，2004年，500页，图467。
出土/征集时间	1974年征集
收藏地	绥德县博物馆
备注	图中的车马、骑吏使用同一模板制作。

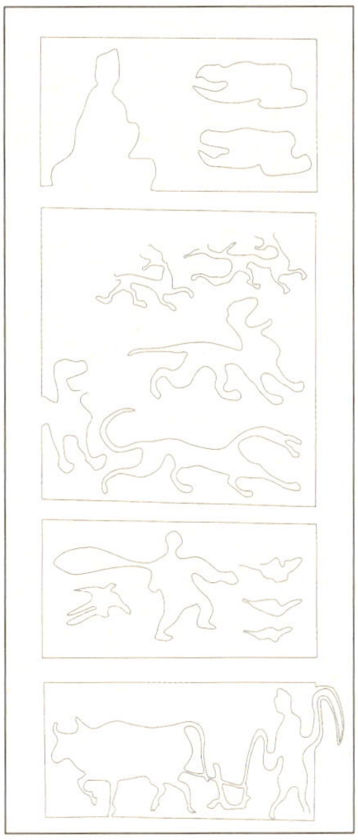

编号	SSX-SD-054
时代	东汉
原收藏号	2224-96
出土地	四十里铺镇
原石尺寸	74×32×5
画面尺寸	71×24
质地	砂岩
原石情况	正面、上侧面平整，左、右侧面呈毛石状。
所属墓群	不详
组合关系	不详
画面简述	画面自上而下分为四格。第一格：拜谒图。一人戴冠着袍，正襟危坐，面前两人手捧简牍，匍匐于地，行拜谒之礼。第二格：青龙、白虎图。第三格：一人持毕挥臂，作网鸟状。前边有三只鸟行走，身后一不明物。第四格：牛耕图。一农夫一手持鞭，一手扶犁，驱牛耕作。
著录与文献	李林、康兰英、赵力光：《陕北汉代画像石》，西安：陕西人民出版社，1995 年，图 535；汤池：《中国画像石全集 5：陕西、山西汉画像石》，济南：山东美术出版社，2000 年，图 184；绥德汉画像石展览馆编，李贵龙、王建勤主编：《绥德汉代画像石》，西安：陕西人民美术出版社，2001 年，174 页，图 105；曹世玉总编：《绥德文库——汉画像石卷》，北京：中国文史出版社，2004 年，157 页，图 102。
出土/征集时间	1974 年出土
收藏地	绥德县博物馆

编号	SSX-SD-055-01
时代	东汉
原收藏号	2368-240
出土地	四十里铺镇
原石尺寸	95×26×7
画面尺寸	94×14
质地	砂岩
原石情况	正面、下侧面平整；背面、上侧面呈毛石状；左、右侧面平整，凿斜纹。
所属墓群	不详
组合关系	右边柱，与左边柱为二石组合。
画面简述	二方连续卷云纹或植物纹样。
著录与文献	李林、康兰英、赵力光：《陕北汉代画像石》，西安：陕西人民出版社，1995年，图572。
出土/征集时间	1975年征集
收藏地	绥德县博物馆

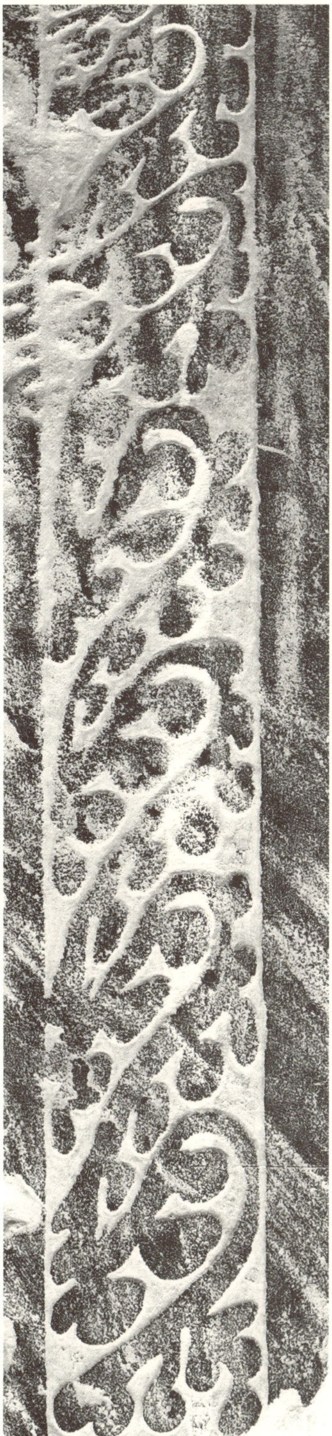

编号	SSX-SD-055-02
时代	东汉
原收藏号	2349-221
出土地	四十里铺镇
原石尺寸	95×24×7
画面尺寸	93×14
质地	砂岩
原石情况	正面、背面平整；上侧面、下侧面平整，凿斜纹；左、右侧面呈毛石面。
所属墓群	不详
组合关系	左边柱，与右边柱为二石组合。
画面简述	卷云纹或植物纹样。
著录与文献	李林、康兰英、赵力光:《陕北汉代画像石》，西安：陕西人民出版社，1995年，图573。
出土/征集时间	1975年征集
收藏地	绥德县博物馆

171

编号	SSX-SD-056
时代	东汉
原收藏号	无
出土地	四十里铺镇
原石尺寸	51×58×4
画面尺寸	35×46
质地	砂岩
原石情况	正面、背面平整；上侧面平整，凿斜纹；下侧面为断面；左、右侧面平整，凿斜纹。
所属墓群	不详
组合关系	不详
画面简述	朱雀、铺首图。（下段残失）
著录与文献	曹世玉总编：《绥德文库——汉画像石卷》，北京：中国文史出版社，2004 年，351 页，图 326。
出土/征集时间	1975 年征集
收藏地	绥德县博物馆

编号	SSX-SD-057
时代	东汉
原收藏号	2348-220
出土地	四十里铺镇
原石尺寸	113×52×4
画面尺寸	98×33
质地	砂岩
原石情况	正面、背面平整；上、下、左侧面平整；右侧面有平口刀铲纹。
所属墓群	不详
组合关系	不详
画面简述	朱雀、铺首、独角兽图。铺首的眼、口腔内阴刻。
著录与文献	李林、康兰英、赵力光：《陕北汉代画像石》，西安：陕西人民出版社，1995年，图607；曹世玉总编：《绥德文库——汉画像石卷》，北京：中国文史出版社，2004年，351页，图328。
出土/征集时间	1975年征集
收藏地	绥德县博物馆

编号	SSX-SD-058
时代	东汉
原收藏号	2299-171
出土地	四十里铺镇
原石尺寸	115×51×5
画面尺寸	97×35
质地	砂岩
原石情况	正面、背面平整；上侧面刻人字纹；下侧面平整，刻斜纹；左侧面平整，凿人字纹。
所属墓群	不详
组合关系	不详
画面简述	朱雀、铺首、独角兽图。铺首的口腔内阴刻。
著录与文献	李林、康兰英、赵力光：《陕北汉代画像石》，西安：陕西人民出版社，1995年，图606。
出土/征集时间	1975年征集
收藏地	绥德县博物馆

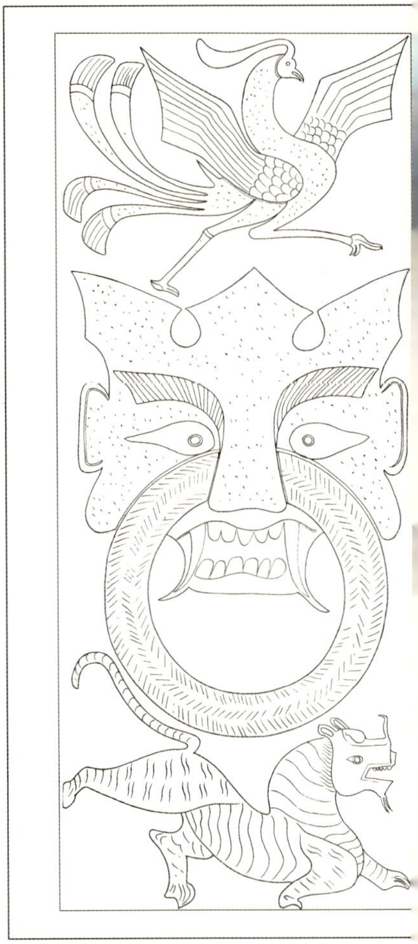

四十里铺镇汉墓墓门面五石组合

SSX-SD-059-01—SSX-SD-059-05

编号 SSX-SD-059-01

时代 东汉

原收藏号 2134-6

出土地 四十里铺镇

原石尺寸 195×31×6

画面尺寸 147×29

质地 砂岩

原石情况 正面、上侧面平整；下、左、右侧面呈毛石状。

所属墓群 不详

组合关系 门楣石，与左、右门柱，左、右门扉为墓门面五石组合。

画面简述 画面分为内、外两栏。外栏为绶带穿璧纹，其外阴线刻变形勾连纹图案，是为边饰。内栏中间以阴线刻铺首衔环的门为界，左边为人物拜会图。一人头戴进贤冠，身着宽袍，腰系绶带，坐于几前，当为尊贵者。他面前一人匍匐于地，持牍拜见，身后三人均戴冠着袍，弯腰俯首，持牍拜谒。他身后一人戴通天冠，着袍拥袖，怀抱金吾站立，另一人戴进贤冠，着袍，手提带状物，俯首恭立。尊贵者居室的墙面上挂弓弩、环首刀；右边西王母头戴胜仗，着袍袖手端坐，左有鸡首人身有翅神跪献瑞草，两玉兔扶钵持锤捣药，狐、三足乌。右两人戴山形冠，着长袍，怀抱瑞草，拥袖而立。内栏下刻∽形纹勾连图案。画面中所有人物的五官、衣纹衣褶，鸟兽的羽翅、动物身上的斑纹均以阴线凿刻。

著录与文献 李林、康兰英、赵力光：《陕北汉代画像石》，西安：陕西人民出版社，1995年，图229；汤池：《中国画像石全集5：陕西、山西汉画像石》，济南：山东美术出版社，2000年，图177；绥德汉画像石展览馆编，李贵龙、王建勤主编：《绥德汉代画像石》，西安：陕西人民美术出版社，2001年，10页，图2；曹世玉总编：《绥德文库——汉画像石卷》，北京：中国文史出版社，2004年，68页，图29。

出土/征集时间 1975年出土

收藏地 绥德县博物馆

6

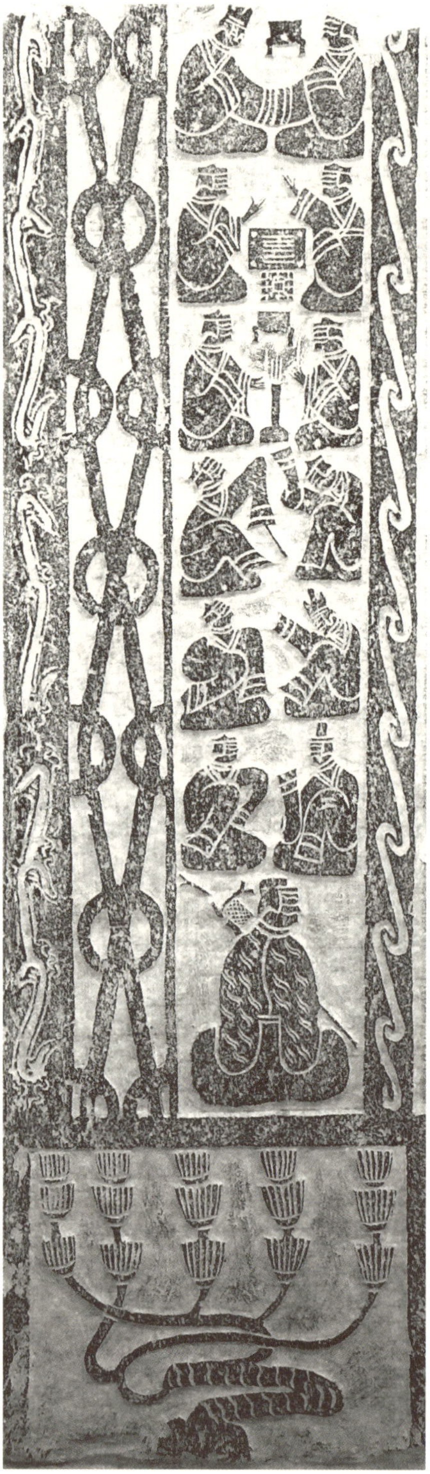

编号	SSX-SD-059-02
时代	东汉
原收藏号	2135-7
出土地	四十里铺镇
原石尺寸	98×31×6
画面尺寸	98×29
质地	砂岩
原石情况	正面、背面平整；左侧面平整，凿斜纹；右侧面平整。
所属墓群	不详
组合关系	左门柱，与门楣石，右门柱，左、右门扉为墓门面五石组合。
画面简述	画面分为上、下两格。上格分内、外两栏。外栏为绶带穿璧纹，其外阴线刻变形夔龙纹勾连的图案，是为边饰，与门楣石外栏边饰、绶带穿璧纹衔接。内栏自上而下分为七层。第一层：两人对坐联袂，居左者戴冠，居右者带帻巾，均着袍。两人之间置放三足器皿。第二层：两人均戴帻巾着袍对坐，面前放置两块棋盘，皆伸手博弈（六博？）。第三层：两人均戴帻巾着袍对坐，面前放置一小口高领壶，旁置盛酒器，投壶饮酒。第四、第五、第六层：两人酣饮微醺之后，即兴挥袖而舞（豪谈？）。第七层：一老者头带帻巾，身着锦衣，背负便面（？）坐地。下格为连理树（？）。画面中所有人物的五官、衣纹衣褶，棋盘上的线条，均以阴线凿刻。
著录与文献	李林、康兰英、赵力光：《陕北汉代画像石》，西安：陕西人民出版社，1995 年，图 230；汤池：《中国画像石全集 5：陕西、山西汉画像石》，济南：山东美术出版社，2000 年，图 181；绥德汉画像石展览馆编，李贵龙、王建勤主编：《绥德汉代画像石》，西安：陕西人民美术出版社，2001 年，10 页，图 2；曹世玉总编：《绥德文库——汉画像石卷》，北京：中国文史出版社，2004 年，68 页，图 30。
出土/征集时间	1975 年出土
收藏地	绥德县博物馆

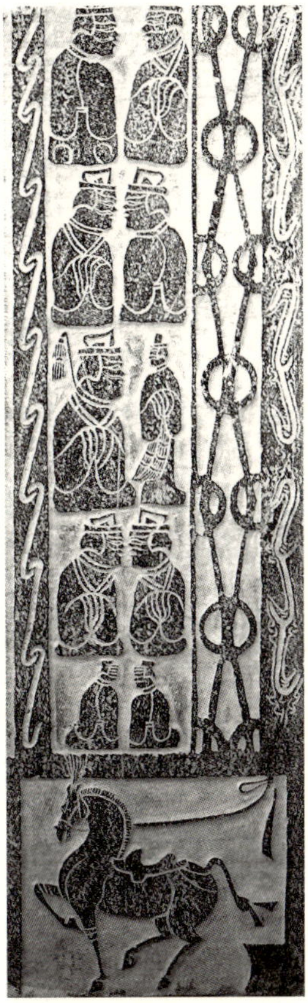

编号	SSX-SD-059-03
时代	东汉
原收藏号	2136-8
出土地	四十里铺镇
原石尺寸	99×31×6
画面尺寸	99×29
质地	砂岩
原石情况	左侧面凿平整。
所属墓群	不详
组合关系	右门柱，与门楣石，左门柱，左、右门扉为墓门面五石组合。
画面简述	画面分为上、下两格。上格分内、外两栏。外栏为绶带穿璧纹，之外阴线刻变形夔龙纹勾连的图案，是为边饰。与门楣石外栏边饰、绶带穿璧纹衔接。内栏自上而下分为五层。第一、第二、第四、第五层：两人戴冠着袍，亲密对语。第三层：左一人戴冠着袍，袖手荷节而坐。右一人带通天冠，着袍，腰系绶带（？），袖手站立。下格一匹戴鞍骏马，缰绳被系于边框之上。画面中所有人物的五官、衣纹衣褶均以阴线凿刻。
著录与文献	李林、康兰英、赵力光：《陕北汉代画像石》，西安：陕西人民出版社，1995年，图233；汤池：《中国画像石全集5：陕西、山西汉画像石》，济南：山东美术出版社，2000年，图180；绥德汉画像石展览馆编，李贵龙、王建勤主编：《绥德汉代画像石》，西安：陕西人民美术出版社，2001年，11页，图2；曹世玉总编：《绥德文库——汉画像石卷》，北京：中国文史出版社，2004年，69页，图33。
出土/征集时间	1975年出土
收藏地	绥德县博物馆

9

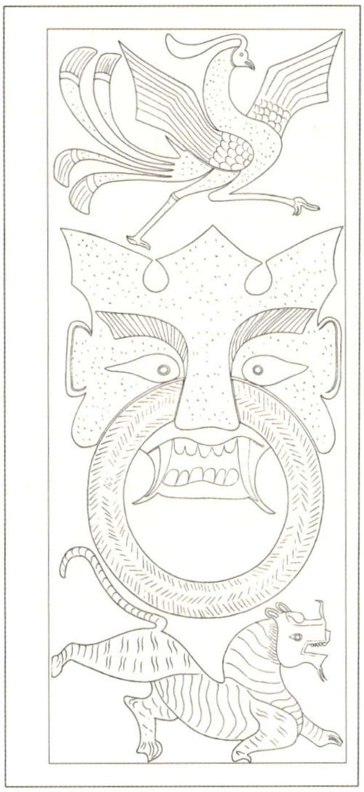

编号	SSX-SD-059-04
时代	东汉
原收藏号	2137-9
出土地	四十里铺镇
原石尺寸	111×50
画面尺寸	95×40
质地	砂岩
原石情况	正面、背面、上侧面平整；下侧面平整，凿斜纹；左、右侧面平整。
所属墓群	不详
组合关系	左门扉，与门楣石，左、右门柱，右门扉为墓门面五石组合。
画面简述	朱雀、铺首、虎图。朱雀的羽翅、眼，铺首的五官、所衔之环，虎身上的斑纹均施加阴线刻和麻点。
著录与文献	李林、康兰英、赵力光：《陕北汉代画像石》，西安：陕西人民出版社，1995年，图231；汤池：《中国画像石全集5：陕西、山西汉画像石》，济南：山东美术出版社，2000年，图178；绥德汉画像石展览馆编，李贵龙、王建勤主编：《绥德汉代画像石》，西安：陕西人民美术出版社，2001年，10/104页，图2/52；曹世玉总编：《绥德文库——汉画像石卷》，北京：中国文史出版社，2004年，68页，图31。
出土/征集时间	1975年出土
收藏地	绥德县博物馆

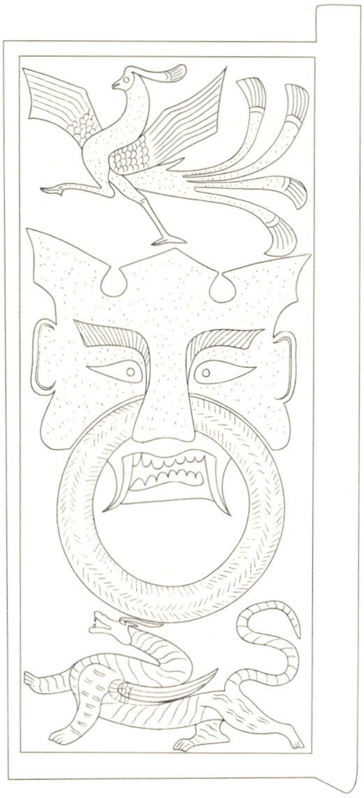

编号	SSX-SD-059-05
时代	东汉
原收藏号	2138-10
出土地	四十里铺镇
原石尺寸	110×49×5
画面尺寸	96×41
质地	砂岩
原石情况	正面、背面、上侧面平整；下侧面平整，凿斜纹；左、右门扉相合处呈马蹄面；右侧面平整。
所属墓群	不详
组合关系	右门扉，与门楣石，左、右门柱，左门扉为墓门面五石组合。
画面简述	朱雀、铺首、青龙图。 朱雀的羽翅、眼，铺首的五官、所衔之环，龙身上的斑纹均施加阴线刻和麻点。
著录与文献	李林、康兰英、赵力光：《陕北汉代画像石》，西安：陕西人民出版社，1995年，图232；汤池：《中国画像石全集5：陕西、山西汉画像石》，济南：山东美术出版社，2000年，图179；绥德汉画像石展览馆编，李贵龙、王建勤主编：《绥德汉代画像石》，西安：陕西人民美术出版社，2001年，11页，图2；曹世玉总编：《绥德文库——汉画像石卷》，北京：中国文史出版社，2004年，69页，图32。
出土/征集时间	1975年出土
收藏地	绥德县博物馆

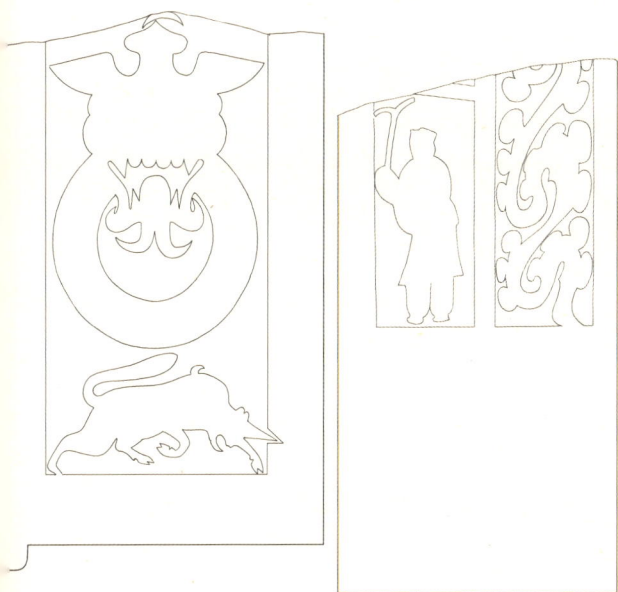

四十里铺镇汉墓墓门面五石组合

SSX-SD-060-01—SSX-SD-060-05

编号	SSX-SD-060-01
时代	东汉
原收藏号	2184-56
出土地	四十里铺镇
原石尺寸	210×40×7
画面尺寸	158×35
质地	砂岩
原石情况	原石断为三截。正面、背面平整，有凿痕；下侧面平整，凿工整的人字纹；左、右侧面呈毛石状。
所属墓群	不详
组合关系	门楣石，与左、右门柱，左、右门扉为墓门面五石组合。
画面简述	画面分为内、外两栏。外栏为卷云纹，两端各阳刻圆形，象征日、月。内栏为瑞兽图。左、右两边均为羽人持献瑞草、玉兔捣药。中间为独角有翼犀牛形怪兽、两翼龙和虎。
著录与文献	李林、康兰英、赵力光：《陕北汉代画像石》，西安：陕西人民出版社，1995 年，图 237；绥德汉画像石展览馆编，李贵龙、王建勤主编：《绥德汉代画像石》，西安：陕西人民美术出版社，2001 年，132 页，图 71；曹世玉总编：《绥德文库——汉画像石卷》，北京：中国文史出版社，2004 年，198 页，图 155。
出土/征集时间	1975 年出土
收藏地	绥德县博物馆

57

编号	SSX-SD-060-02
时代	东汉
原收藏号	2185-57
出土地	四十里铺镇
原石尺寸	120×40
画面尺寸	89×30
质地	砂岩
原石情况	正面、上侧面平整；下侧面、左侧面呈毛石状；右侧面平整，凿斜纹。
所属墓群	不详
组合关系	左门柱，与门楣石，右门柱，左、右门扉为墓门面五石组合。
画面简述	画面分为内、外两栏。外栏为卷云纹，与门楣石外栏的卷云纹衔接。内栏分上、下两格。上格残失部分图像，据惯例推测，当为西王母（或东王公）端坐神树之巅，左右有玉兔和羽人跪侍。树干间有狐、鹿、飞鸟、瑞草。下格一门吏头戴平巾帻，身着长襦大袴拥彗面门站立。其上有羽人持献瑞草，边框处伸出一株瑞草。
著录与文献	李林、康兰英、赵力光：《陕北汉代画像石》，西安：陕西人民出版社，1995年，图238；绥德汉画像石展览馆编，李贵龙、王建勤主编：《绥德汉代画像石》，西安：陕西人民美术出版社，2001年，182页，图113；曹世玉总编：《绥德文库——汉画像石卷》，北京：中国文史出版社，2004年，412/446页，图375/407。
出土/征集时间	1975年出土
收藏地	绥德县博物馆
备注	在刻画门吏的格栏内补白羽人持献瑞草图像较为少见。

58

编号	SSX-SD-060-03
时代	东汉
原收藏号	2186-58
出土地	四十里铺镇
原石尺寸	73×39×4
画面尺寸	36×30
质地	砂岩
原石情况	原石上段残佚。正面、背面平整；上侧面为断面；下侧面、右侧面呈毛石状；左侧面平整，凿人字纹。
所属墓群	不详
组合关系	右门柱，与门楣石，左门柱，左、右门扉为墓门面五石组合。
画面简述	右门柱上段大部分残失，可见图像为卷云纹和门吏持棨戟，棨戟柄下部未刻。
著录与文献	李林、康兰英、赵力光：《陕北汉代画像石》，西安：陕西人民出版社，1995年，图241；曹世玉总编：《绥德文库——汉画像石卷》，北京：中国文史出版社，2004年，501页，图471。
出土/征集时间	1975年出土
收藏地	绥德县博物馆

编号	SSX-SD-060-04
时代	东汉
原收藏号	2187-59
出土地	四十里铺镇
原石尺寸	82×52×4
画面尺寸	69×35
质地	砂岩
原石情况	原石上段残佚。正面、背面平整；上侧面为断面；下侧面呈毛石状；左、右侧面平整，凿刻人字纹。
所属墓群	不详
组合关系	左门扉，与门楣石，左、右门柱，右门扉为墓门面五石组合。
画面简述	左门扉上半截残失，可见图像为铺首、独角兽图。
著录与文献	李林、康兰英、赵力光：《陕北汉代画像石》，西安：陕西人民出版社，1995年，图239；曹世玉总编：《绥德文库——汉画像石卷》，北京：中国文史出版社，2004年，351页，图327。
出土/征集时间	1975年出土
收藏地	绥德县博物馆

60
60

编号	SSX-SD-060-05
时代	东汉
原收藏号	2188-60
出土地	四十里铺镇
原石尺寸	123 × 52 × 4
画面尺寸	98 × 34
质地	砂岩
原石情况	正面、背面平整；上侧面平整，凿斜纹；下侧面平整，凿斜纹；左侧面平整，凿人字纹；右侧面局部有斜纹、琢痕。
所属墓群	不详
组合关系	右门扉，与门楣石，左、右门柱，左门扉为墓门面五石组合。
画面简述	朱雀、铺首、独角兽图。
著录与文献	李林、康兰英、赵力光：《陕北汉代画像石》，西安：陕西人民出版社，1995 年，图 240；绥德汉画像石展览馆编，李贵龙、王建勤主编：《绥德汉代画像石》，西安：陕西人民美术出版社，2001 年，104 页，图 52；曹世玉总编：《绥德文库——汉画像石卷》，北京：中国文史出版社，2004 年，311 页，图 277。
出土/征集时间	1975 年出土
收藏地	绥德县博物馆

四十里铺镇汉墓墓门面五石组合

SSX-SD-061-01—SSX-SD-061-05

编号	SSX-SD-061-01
时代	东汉
原收藏号	2139-11
出土地	四十里铺镇
原石尺寸	188×34
画面尺寸	186×33
质地	砂岩
原石情况	正面、上侧面平整；下侧面中间有宽 141 厘米的部分凹深 1 厘米；左侧面平整；右侧面呈毛石状。
所属墓群	不详
组合关系	门楣石，与左、右门柱，左、右门扉为墓门面五石组合。
画面简述	画面横向分为左、中、右三格。左格为驯（牵？）马图。马体态矫健，鬃毛（头饰？）呈扇形高高竖起，马背上配备了鞍鞯和障泥，障泥上凿刻小凹坑表示纹饰。牵马之人长长的发辫垂于脑后，身着斜衽长袍，脚蹬筒靴，左手牵马缰，甩开右臂作驯（牵？）马状。中格画面分为内、外两栏。外栏由阴线刻变形夔龙纹边饰和绶带穿璧纹组成。内栏为牧场图。两头体壮腰圆的牯牛怒目圆睁，以角奋力相抵，是一幅栩栩如生的斗牛场景。牧场中还有展翅欲飞和收翅垂尾的朱雀，依偎在一起的三只小鸟（？），回首行进的麒麟，低首觅食和昂首行进的鹿，奔走呼应的三只盘角羊，相对伫立的雌雄鸡，一棵长满圆形果实（？）的树。内栏下阴线刻∽勾连图案。右格为驯（牵？）马图。马体态矫健，鬃毛（头饰）呈扇形高高竖起。马背上驮了不明带状物。牵马之人长长的发辫垂于脑后，身着长袍，脚蹬筒靴，左手牵马缰，右手举马鞭，作驯（牵？）马状。鸟兽身上的羽翅、斑纹施加阴线或麻点。
著录与文献	汤池:《中国画像石全集 5:陕西、山西汉画像石》，济南:山东美术出版社，2000 年，图 124；绥德汉画像石展览馆编，李贵龙、王建勤主编:《绥德汉代画像石》，西安:陕西人民美术出版社，2001 年，96 页，图 43；曹世玉总编:《绥德文库——汉画像石卷》，北京：中国文史出版社，2004 年，342 页，图 316。
出土/征集时间	1975 年出土
收藏地	绥德县博物馆

12

编号	SSX-SD-061-02
时代	东汉
原收藏号	2140-12
出土地	四十里铺镇
原石尺寸	98×31×6
画面尺寸	98×26
质地	砂岩
原石情况	正面、上侧面平整；背面平整，凿有间隔较大、较深斜纹；下侧面、右侧面平整；左侧面平整，凿斜纹。
所属墓群	不详
组合关系	左门柱，与门楣石，右门柱，左、右门扉为墓门面五石组合。
画面简述	画面分上、下两格。上格分内、外两栏。外栏由阴线刻变形夔龙纹边饰和绶带穿璧纹组成。内栏自上而下分为六层。第一层：翼龙。第二层：一人带帻巾着袍，左手举短刀，右手压着猪（？）作欲宰杀状。第三层：一人带帻巾，着紧身衣裤，右手举刀，左手按羊角，作欲宰杀状。第四层：方正的井台上装置辘轳，并吊有一只水桶。一人戴帻巾着长袍，立于水井前，手拉辘轳的井绳，作从井中吊水状。井台旁放置盛水的广口大盆。第五层：一人带帻巾着斜衽褐衣，坐于一个烤炉前，手执肉串，伸向火炉烧烤。第六层：挂满了腊肉，方形灶台台面上安置大锅，一人头带帻巾，身着斜衽褐衣，跽坐于灶台前，右手拿短棍，拨火做饭。内栏右边饰为阴线刻∽勾连图案，与门楣石内栏下的阴线刻∽勾连图案衔接。下格为玄武。 人物的衣纹衣褶，龙身上的斑纹，猪、羊身上的肢体分辨处或加阴线或凿麻点。
著录与文献	汤池：《中国画像石全集5：陕西、山西汉画像石》，济南：山东美术出版社，2000年，图123；绥德汉画像石展览馆编，李贵龙、王建勤主编：《绥德汉代画像石》，西安：陕西人民美术出版社，2001年，96页，图43；曹世玉总编：《绥德文库——汉画像石卷》，北京：中国文史出版社，2004年，342页，图317。
出土/征集时间	1975年出土
收藏地	绥德县博物馆

编号 SSX-SD-061-03

时代 东汉

原收藏号 2141-13

出土地 四十里铺镇

原石尺寸 91×29×6

画面尺寸 91×27

质地 砂岩

原石情况 正面、背面、上侧面、下侧面、左侧面均平整；右侧面平整，凿人字纹。

所属墓群 不详

组合关系 右门柱，与门楣石，左门柱，左、右门扉为墓门面五石组合。

画面简述 画面分上、下两格。上格分内、外两栏。外栏由阴线刻变形夔龙纹边饰和绶带穿璧纹组成。内栏自上而下分为四层。第一层：一妇人头梳高髻，身着锦衣和拖地长裙袖手站立。第二层：一人头戴进贤冠，身着袍服，面左袖手盘腿而坐。第三层：一人带帻巾，着剪襟衣，背负鸠杖面左而立。第四层：一人戴冠着锦衣，背负鸠杖盘腿而坐。下格一鹿低首作觅食状。其上有一夸张了的长尾飞鸟。

人物的衣纹衣褶、飞鸟的羽翅、鹿身上的斑纹或加阴线或凿麻点。

著录与文献 李林、康兰英、赵力光：《陕北汉代画像石》，西安：陕西人民出版社，1995年，图546；绥德汉画像石展览馆编，李贵龙、王建勤主编：《绥德汉代画像石》，西安：陕西人民美术出版社，2001年，97页，图43；曹世玉总编：《绥德文库——汉画像石卷》，北京：中国文史出版社，2004年，343页，图319。

出土/征集时间 1986年征集

收藏地 绥德县博物馆

编号	SSX-SD-061-04
时代	东汉
原收藏号	2142-14
出土地	四十里铺镇
原石尺寸	104×50×5
画面尺寸	90×42
质地	砂岩
原石情况	正面、背面平整；上、下侧面平整，凿斜纹；左侧面平整，凿斜纹；右侧面平整。
所属墓群	不详
组合关系	左门扉，与门楣石，左、右门柱，右门扉为墓门面五石组合。
画面简述	朱雀、铺首、白虎图。朱雀的眼、羽翅，铺首、虎身上的斑纹均施加阴线刻或麻点。
著录与文献	李林、康兰英、赵力光：《陕北汉代画像石》，西安：陕西人民出版社，1995 年，图 600；绥德汉画像石展览馆编，李贵龙、王建勤主编：《绥德汉代画像石》，西安：陕西人民美术出版社，2001 年，105 页，图 55；曹世玉总编：《绥德文库——汉画像石卷》，北京：中国文史出版社，2004 年，62 页，图 22。
出土/征集时间	1986 年征集
收藏地	绥德县博物馆

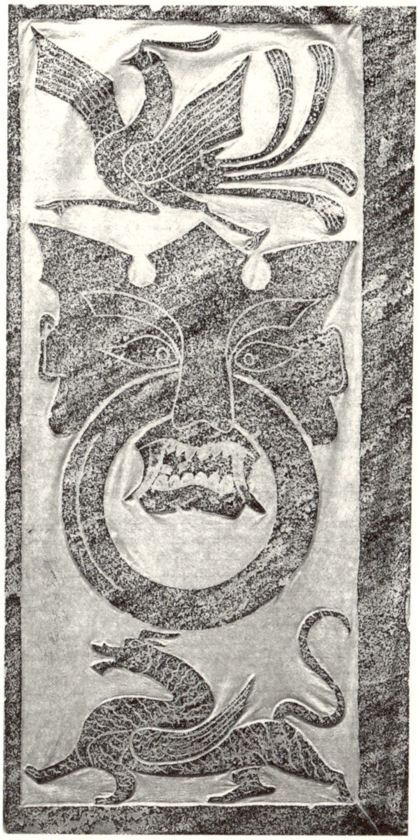

编号	SSX-SD-061-05
时代	东汉
原收藏号	2363-235
出土地	四十里铺镇
原石尺寸	105×50×5
画面尺寸	41×90
质地	砂岩
原石情况	正面、背面平整；上侧面、下侧面欠平整，有凿痕；左、右门扉相合处呈马蹄面；左侧面平整；右侧面平整，凿斜纹。
所属墓群	不详
组合关系	右门扉，与门楣石，左、右门柱，左门扉为墓门面五石组合。
画面简述	朱雀、铺首、翼龙图。朱雀的眼、羽翅，铺首、龙身上的斑纹均施加阴线刻或麻点。
著录与文献	绥德汉画像石展览馆编，李贵龙、王建勤主编：《绥德汉代画像石》，西安：陕西人民美术出版社，2001 年，105 页，图 55；曹世玉总编：《绥德文库——汉画像石卷》，北京：中国文史出版社，2004 年，62 页，图 23。
出土/征集时间	1974 年征集
收藏地	绥德县博物馆

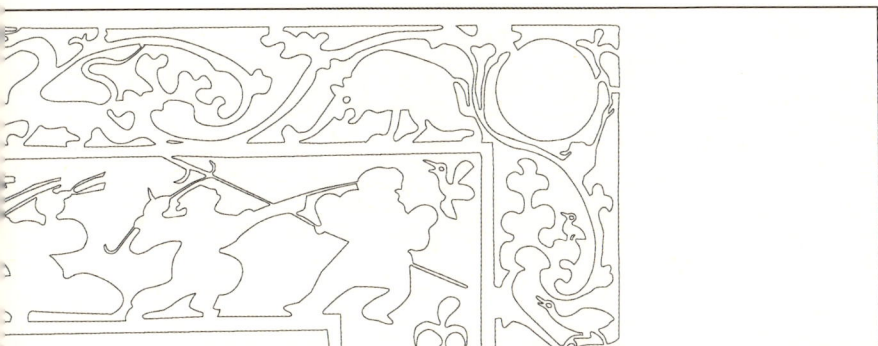

四十里铺镇汉墓墓门面三石组合

SSX-SD-062-01—SSX-SD-062-03

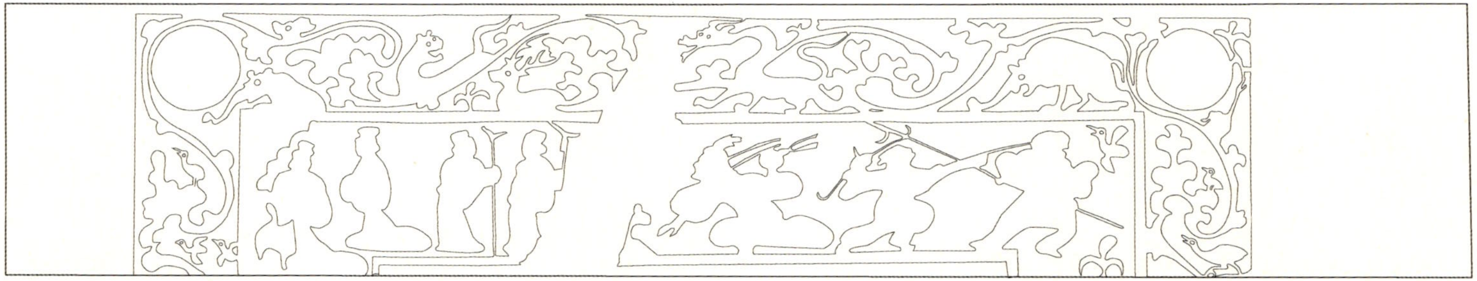

编号	SSX-SD-062-01
时代	东汉
原收藏号	2151-23
出土地	四十里铺镇
原石尺寸	174×35
画面尺寸	134×32
质地	砂岩
原石情况	原石断为两截，中段有残佚部分；正面、上侧面平整；左、右侧面呈毛石状；下侧面平整。
所属墓群	不详
组合关系	横楣石，与左、右门柱为三石组合。
画面简述	画面分内、外两栏。外栏为卷云鸟兽纹，卷云间穿插有飞鸟、短耳怪兽、虎、鹿、龙等。左右两端各阳刻一圆形，象征日、月。内栏左两妇人着拖地长裙袖手站立。两老者戴冠着袍，持鸠杖站立。（或为持戟吏。）中段残失，一人发束高竖于头顶，蹲于地，一手向前，一手举圆形物，作向前冲击状。右边为技击图，左一人右手执一不明武器（？）、左手执短刀向对手冲击，右一人持长杆钩镶抵挡。
著录与文献	绥德汉画像石展览馆编，李贵龙、王建勤主编：《绥德汉代画像石》，西安：陕西人民美术出版社，2001年，124页，图67；曹世玉总编：《绥德文库——汉画像石卷》，北京：中国文史出版社，2004年，296页，图258。
出土/征集时间	1975年出土
收藏地	绥德县博物馆

编号	SSX-SD-062-02
时代	东汉
原收藏号	2152-24
出土地	四十里铺镇
原石尺寸	106×33
画面尺寸	98×28
质地	砂岩
原石情况	正面、上侧面、下侧面、右侧面平整；左侧面平整，凿斜纹。
所属墓群	不详
组合关系	左门柱，与横楣石、右门柱为三石组合。
画面简述	画面分为上下两格。上格分内、外两栏。外栏为卷云鸟兽纹，卷云间穿插狐、仙鹿、青鸟、仙人等。内栏上为牛首人身神端坐于神树之巅，树干间有朱雀站立、飞鸟、奔兔、瑞草。下为一门吏戴平巾帻，着长襦大袴，执彗面门而立。下格为一马被拴于边栏之上。
著录与文献	绥德汉画像石展览馆编，李贵龙、王建勤主编：《绥德汉代画像石》，西安：陕西人民美术出版社，2001年，169页，图100；曹世玉总编：《绥德文库——汉画像石卷》，北京：中国文史出版社，2004年，125页，图66。
出土/征集时间	1975年出土
收藏地	绥德县博物馆

编号 SSX-SD-062-03

时代 东汉

原收藏号 2153-25

出土地 四十里铺镇

原石尺寸 106×33

画面尺寸 98×28

质地 砂岩

原石情况 正面、上侧面、左侧面平整；下侧面呈毛石状；右侧面平整，凿斜纹。

所属墓群 不详

组合关系 右门柱，与横楣石、左门柱为三石组合。

画面简述 画面为上、下两格。上格分内、外两栏。外栏为卷云鸟兽纹，卷云间穿插怪兽、仙鹿、飞鸟、麒麟等。内栏上为鸡首（画面残失，从左门柱推测）人身神端坐于神树之巅，树干间有鹿、飞鸟、狐、瑞草、熊。下为一门吏戴冠着袍，捧简牍或笏面门而立。下格为一独角兽奋力前抵。

著录与文献 绥德汉画像石展览馆编，李贵龙、王建勤主编：《绥德汉代画像石》，西安：陕西人民美术出版社，2001年，169页，图100；汤池：《中国画像石全集5：陕西、山西汉画像石》，济南：山东美术出版社，2000年，图135；曹世玉总编：《绥德文库——汉画像石卷》，北京：中国文史出版社，2004年，125页，图67。

出土/征集时间 1975年出土

收藏地 绥德县博物馆

编号	SSX-SD-063-01
时代	东汉
原收藏号	2277-149
出土地	四十里铺镇
原石尺寸	140×37
画面尺寸	100×23
质地	砂岩
原石情况	正面、上侧面平整；下、左侧面呈毛石状；右侧面平整，凿斜纹。
所属墓群	不详
组合关系	左门柱，与右门柱为二石组合。
画面简述	画面自上而下分五格。第一格：人首人身蛇尾的伏羲、女娲分别立于一株高大的瑞草两边。第二格：一虎伫立于两株瑞草之间。第三格：一翼龙伫立于一株瑞草旁。第四格：玄武、瑞草。第五格分为左、右两栏。左栏为卷云纹。右栏一门吏戴平巾帻，着长襦大袴，拥彗面门而立。
著录与文献	李林、康兰英、赵力光：《陕北汉代画像石》，西安：陕西人民出版社，1995年，图516；汤池：《中国画像石全集5：陕西、山西汉画像石》，济南：山东美术出版社，2000年，图127；绥德汉画像石展览馆编，李贵龙、王建勤主编：《绥德汉代画像石》，西安：陕西人民美术出版社，2001年，171页，图102；曹世玉总编：《绥德文库——汉画像石卷》，北京：中国文史出版社，2004年，128页，图70。
出土/征集时间	1975年出土
收藏地	绥德县博物馆

150

编号 SSX-SD-063-02

时代 东汉

原收藏号 2278-150

出土地 四十里铺镇

原石尺寸 115×36

画面尺寸 100×24

质地 砂岩

原石情况 正面、上侧面、左侧面平整，下侧面、右侧面呈毛石状。

所属墓群 不详

组合关系 右门柱，与左门柱为二石组合。

画面简述 画面自上而下分五格。第一格：一人戴冠着袍面右站立，面前一人戴冠着袍，双手持棨戟，弯腰恭立，另一人戴冠着袍，弯腰拱手拜谒。第二格：一马奔走，前立一株瑞草。第三格：双角翼龙。第四格：玄武、瑞草。第五格分为左、右两栏。右栏为卷云纹。左栏一门吏戴平巾帻，着长襦大袴，拥彗面门而立。

著录与文献 李林、康兰英、赵力光：《陕北汉代画像石》，西安：陕西人民出版社，1995年，图517；汤池：《中国画像石全集5：陕西、山西汉画像石》，济南：山东美术出版社，2000年，图128；绥德汉画像石展览馆编，李贵龙、王建勤主编：《绥德汉代画像石》，西安：陕西人民美术出版社，2001年，171页，图102；曹世玉总编：《绥德文库——汉画像石卷》，北京：中国文史出版社，2004年，128页，图71。

出土/征集时间 1975年出土

收藏地 绥德县博物馆

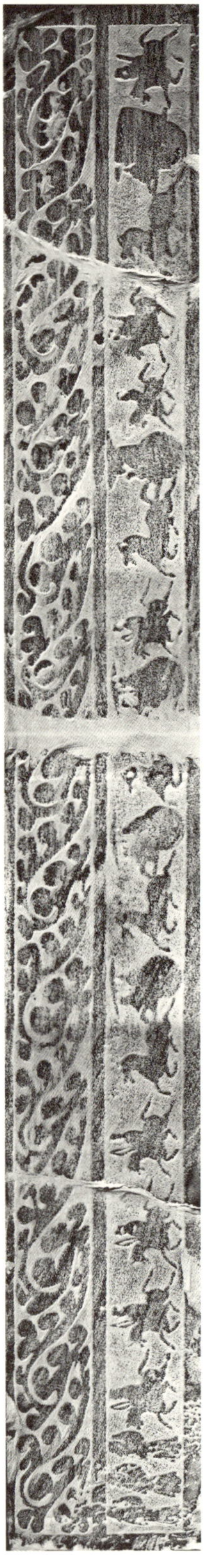

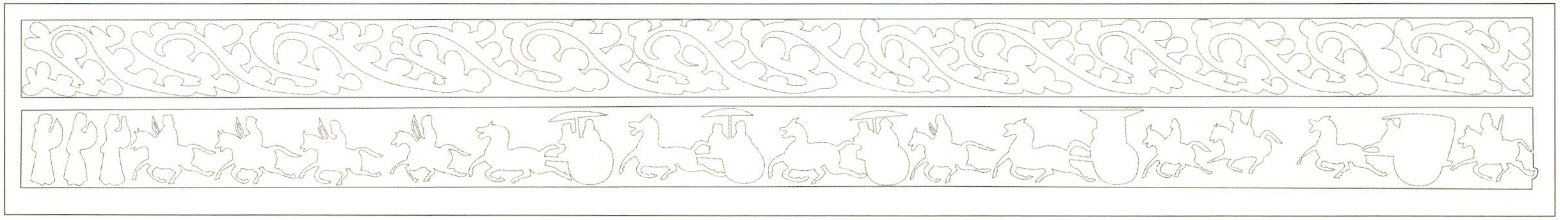

编号	SSX-SD-064
时代	东汉
原收藏号	2154-26
出土地	四十里铺镇
原石尺寸	275×38×10
画面尺寸	268×30
质地	砂岩
原石情况	正面、背面平整；上侧面呈毛石状；下侧面平整，凿人字纹；左、右侧面呈毛石状。
所属墓群	不详
组合关系	不详
画面简述	画面分为上、下两栏。上栏为卷云纹。下栏为车骑行进图。左边三人均戴冠着袍，双手捧简牍（？）恭立。面前是一列长长的车马行进队伍。奔走在前面的是四位执弓箭的骑吏导引三辆轺车行进，轺车后一执弓骑吏从卫。之后一辆輂车、一辆辎车相随，輂车亦前有导骑，后有从卫。辎车之后，一背负棒状器的骑吏跟随。
著录与文献	李林、康兰英、赵力光：《陕北汉代画像石》，西安：陕西人民出版社，1995 年，图 475；绥德汉画像石展览馆编，李贵龙、王建勤主编：《绥德汉代画像石》，西安：陕西人民美术出版社，2001 年，110 页，图 60；曹世玉总编：《绥德文库——汉画像石卷》，北京：中国文史出版社，2004 年，354 页，图 330。
出土/征集时间	1975 年征集
收藏地	绥德县博物馆

124
124
124

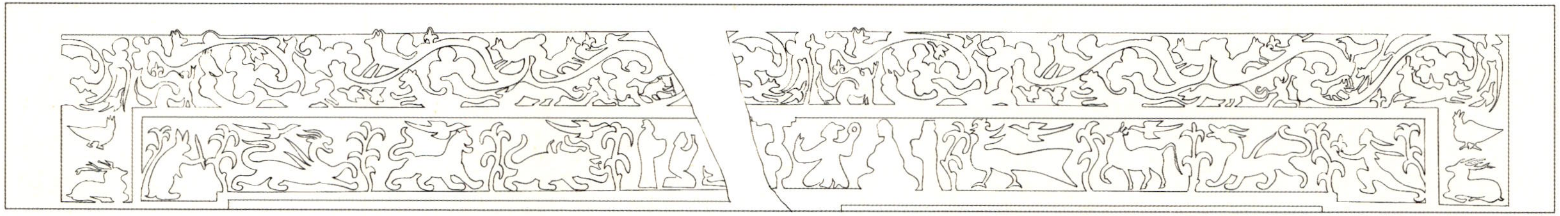

编号	SSX-SD-065
时代	东汉
原收藏号	2252-124
出土地	四十里铺镇
原石尺寸	265×39
画面尺寸	245×27
质地	砂岩
原石情况	正面平整；下侧面平整，凿斜纹；左、右、上侧面呈毛石状。
所属墓群	不详
组合关系	不详
画面简述	画面分为内、外两栏。外栏为卷云鸟兽纹。卷云间穿插仙鹿、青鸟、羽人、狐、立鸟、怪兽衔虎尾、羽人拽怪兽尾、山羊、玉兔捣药、鹿等。外栏画面是用陕北画像石中较为多用的格套，使用同一模板重复两次构成。内栏正中左、右两边为灵禽瑞兽图。画面以瑞草间隔，刻画玉兔捣药、翼龙、白虎、独角有翼犀牛形怪兽、朱雀、麒麟、龙、羽人持献瑞草。中间为历史故事“完璧归赵”图。
著录与文献	李林、康兰英、赵力光：《陕北汉代画像石》，西安：陕西人民出版社，1995 年，图 483；汤池：《中国画像石全集 5：陕西、山西汉画像石》，济南：山东美术出版社，2000 年，图 156；绥德汉画像石展览馆编，李贵龙、王建勤主编：《绥德汉代画像石》，西安：陕西人民美术出版社，2001 年，132 页，图 71；曹世玉总编：《绥德文库——汉画像石卷》，北京：中国文史出版社，2004 年，198 页，图 154。
出土/征集时间	1975 年出土
收藏地	绥德县博物馆

编号	SSX-SD-066
时代	东汉
原收藏号	2155-27
出土地	四十里铺镇
原石尺寸	288×38×9
画面尺寸	260×31
质地	砂岩
原石情况	正面平整，右端减地宽 8 厘米，深 1 厘米，刻斜纹；背面平整；上侧面、左侧面、右侧面为毛石面；下侧面刻人字纹。
所属墓群	不详
组合关系	不详
画面简述	画面正中为二层楼阁，楼内二人对语，楼顶左有一朱雀飞翔，右一朱雀站立于屋顶檐面上。左、右两边分为内外两栏。外栏为卷云鸟兽纹。其间穿插羽人、龙、虎、人面鸟、麒麟、朱雀、羽人拽怪兽尾、怪兽咬虎尾等。左、右两端各阳刻一圆形，象征日、月。内栏阁楼左边为拜谒图和历史故事“完璧归赵”。右边为乐舞图。由于石刻残损，画面中接受拜谒者仅见其戴进贤冠。身后两人戴冠着袍，前一人低首捧牍，后一人拥袖恭立。面前一人持简牍跪拜，两人匍匐于地，捧牍叩拜，其后又有三人戴冠着袍站立，居中者摊开两手，似在讲述。左右两人袖手恭听。其场面足以表现主人的尊贵。“完璧归赵”图中，秦王头戴王冠，身着长袍于柱左跽坐。身后两人戴冠着袍，捧牍恭立。蔺相如蹲于柱右，一手举璧，一手前伸，似在激昂陈词。身后一人袖手站立。阁楼右边两舞伎头梳垂髾髻，身着袿衣，挥袖而舞。身边站立者有的捧物（鼙鼓？）似在伴奏，有的袖手站立观看，两个头梳双丫髻的小孩也在观看。
著录与文献	李林、康兰英、赵力光：《陕北汉代画像石》，西安：陕西人民出版社，1995 年，图 482；汤池：《中国画像石全集 5：陕西、山西汉画像石》，济南：山东美术出版社，2000 年，图 161。绥德汉画像石展览馆编，李贵龙、王建勤主编：《绥德汉代画像石》，西安：陕西人民美术出版社，2001 年，128 页，图 69；曹世玉总编：《绥德文库——汉画像石卷》，北京：中国文史出版社，2004 年，78 页，图 34。
出土/征集时间	1975 年出土
收藏地	绥德县博物馆

编号	SSX-SD-067
时代	东汉
原收藏号	2351-223
出土地	四十里铺镇
原石尺寸	82×39×7
画面尺寸	70×28
质地	砂岩
原石情况	原石左、右段残佚。正面、上侧面、下侧面平整，刻斜纹；左、右侧面均为断面。
所属墓群	不详
组合关系	不详
画面简述	画面分为上、下两栏。上栏为狩猎图。一猎手执一鸟，所谓“走马扶鹰”。一猎手张弓追射奔逃的野兽。猎手身后也有被追射的鹿、野羊、狐等。下格为车骑行进图。画面中有一辆辎车和两骑吏。
著录与文献	曹世玉总编：《绥德文库——汉画像石卷》，北京：中国文史出版社，2004年，321页，图287。
出土/征集时间	1975年征集
收藏地	绥德县博物馆

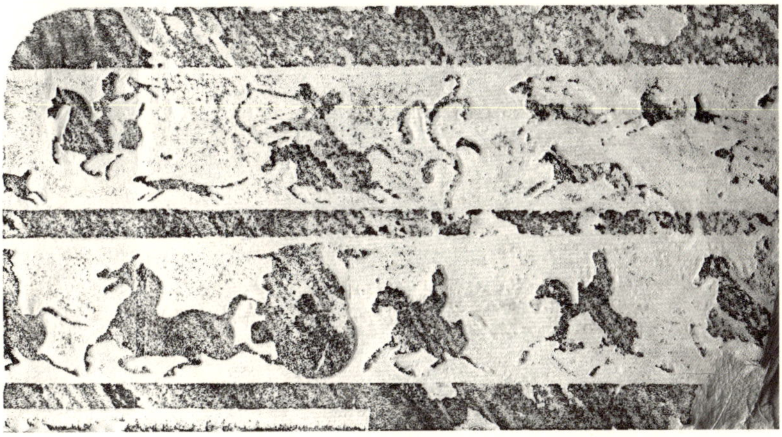

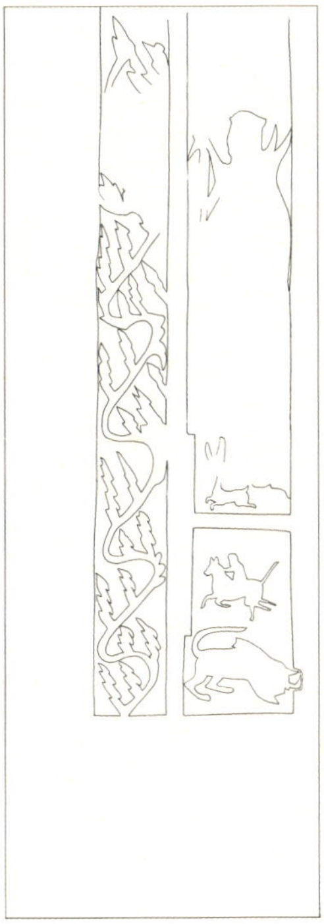

编号	SSX-SD-068-01
时代	东汉
原收藏号	2291-163
出土地	四十里铺镇
原石尺寸	133×47×6
画面尺寸	100×27
质地	砂岩
原石情况	原石断为两截。正面平整，背面、下侧面呈毛石状，上侧面平整；左、右侧面平整，刻人字纹。
所属墓群	不详
组合关系	左门柱，与右门柱为二石组合。
画面简述	画面分为内、外两栏。外栏为枝柯草叶纹。内栏上部为西王母发束飘拂（？），着长袖宽袍站立于神树之上，树干间图像不清，因石面漫漶。下有一人骑马，独角兽。
著录与文献	李林、康兰英、赵力光：《陕北汉代画像石》，西安：陕西人民出版社，1995年，图518；汤池：《中国画像石全集5：陕西、山西汉画像石》，济南：山东美术出版社，2000年，图129；绥德汉画像石展览馆编，李贵龙、王建勤主编：《绥德汉代画像石》，西安：陕西人民美术出版社，2001年，175页，图106；曹世玉总编：《绥德文库——汉画像石卷》，北京：中国文史出版社，2004年，368页，图341。
出土/征集时间	1975年出土
收藏地	绥德县博物馆

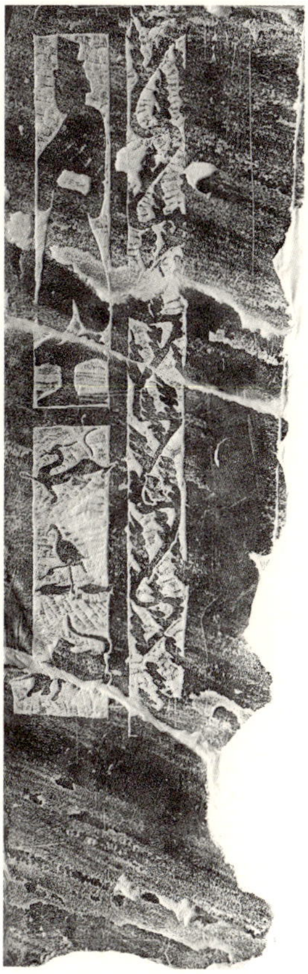

编号	SSX-SD-068-02
时代	东汉
原收藏号	2292-164
出土地	四十里铺镇
原石尺寸	141×47×7
画面尺寸	102×23
质地	砂岩
原石情况	原石断为三截。正面、背面、上侧面平整；下侧面、右侧面呈毛石状；左侧面平整，刻人字纹。
所属墓群	不详
组合关系	右门柱，与左门柱为二石组合
画面简述	画面分为内、外两栏。外栏为枝柯草叶纹。内栏上部为一人戴进贤冠，着短褐灯笼裤站立于一不明物之上。下格有龙、朱鹭、双鱼、独角兽。
著录与文献	李林、康兰英、赵力光：《陕北汉代画像石》，西安：陕西人民出版社，1995 年，图 519；汤池：《中国画像石全集 5：陕西、山西汉画像石》，济南：山东美术出版社，2000 年，图 130；绥德汉画像石展览馆编，李贵龙、王建勤主编：《绥德汉代画像石》，西安：陕西人民美术出版社，2001 年，175 页，图 106；曹世玉总编：《绥德文库——汉画像石卷》，北京：中国文史出版社，2004 年，368 页，图 342。
出土/征集时间	1975 年出土
收藏地	绥德县博物馆

编号	SSX-SD-069-01
时代	东汉
原收藏号	无
出土地	四十里铺镇
原石尺寸	106×25×6
画面尺寸	94×12
质地	砂岩
原石情况	原石断为两截。正面、背面平整；左、右侧面均为毛石面；上、下侧面平整有凿痕。
所属墓群	不详
组合关系	左边柱，与右边柱为二石组合。
画面简述	卷云纹。
著录与文献	李林、康兰英、赵力光:《陕北汉代画像石》，西安：陕西人民出版社，1995 年，图 575。
出土/征集时间	1975 年出土
收藏地	绥德县博物馆

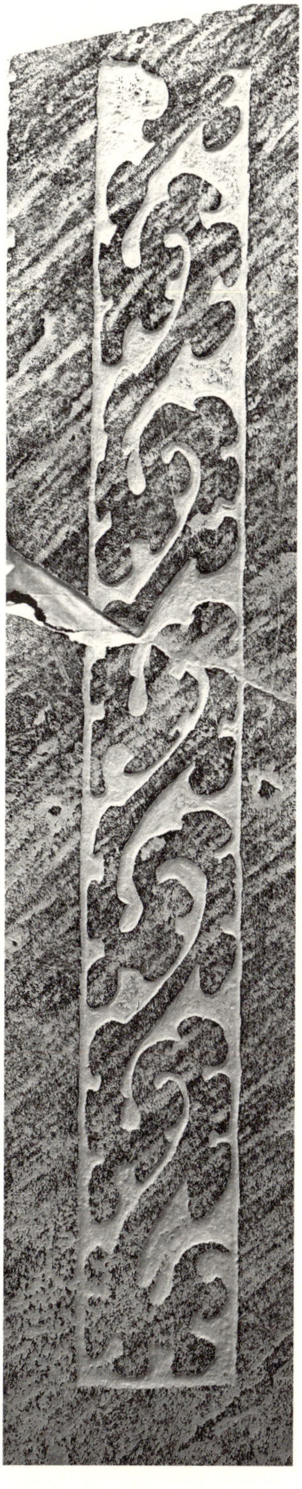

编号	SSX-SD-069-02
时代	东汉
原收藏号	2373-245
出土地	四十里铺镇
原石尺寸	92×27×6
画面尺寸	82×12
质地	砂岩
原石情况	右上角残佚，正面、背面平整；上面侧靠正面2厘米刻斜纹，靠背处呈毛石状；下侧面、左侧面均呈毛石状。
所属墓群	不详
组合关系	右边柱，与左边柱为二石组合。
画面简述	卷云纹。
著录与文献	李林、康兰英、赵力光：《陕北汉代画像石》，西安：陕西人民出版社，1995年，图574。
出土/征集时间	1975年出土
收藏地	绥德县博物馆

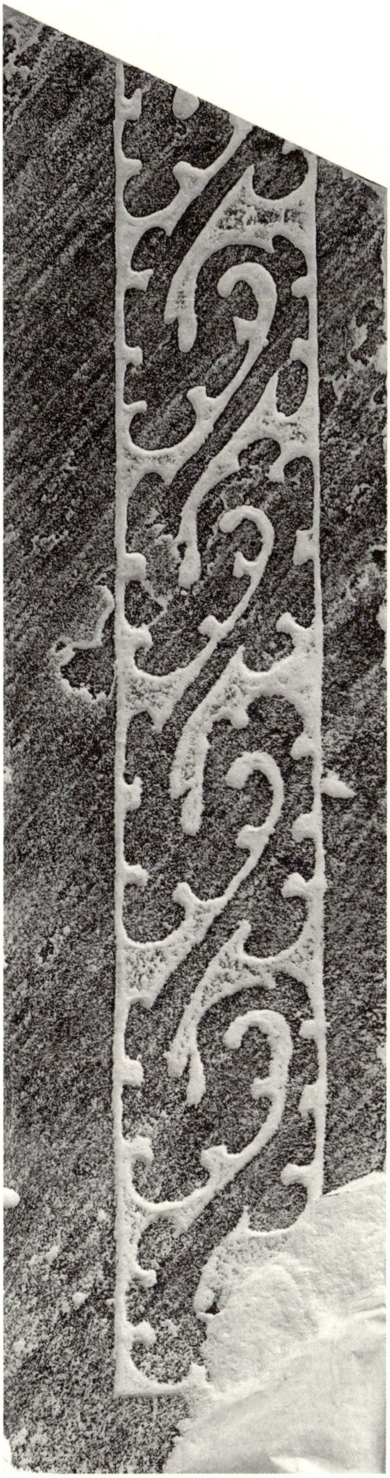

编号	SSX-SD-070
时代	东汉
原收藏号	2338-210
出土地	四十里铺镇
原石尺寸	185×39×7
画面尺寸	164×27
质地	砂岩
原石情况	原石断为两截。正面、背面平整；上侧面，左、右侧面呈毛石状。
所属墓群	不详
组合关系	不详
画面简述	画面分为上、下两栏。上栏为卷云纹。下栏左、右两端为人首人身蛇尾神，分别执规、矩。右女娲前一牛首人身神着袍站立。中间为车骑行进图，两辆辎车、一辆屏车之前均有导骑开道。车骑之间均以高大的瑞草间隔。
著录与文献	李林、康兰英、赵力光：《陕北汉代画像石》，西安：陕西人民出版社，1995年，图479；汤池：《中国画像石全集5：陕西、山西汉画像石》，济南：山东美术出版社，2000年，图164；绥德汉画像石展览馆编，李贵龙、王建勤主编：《绥德汉代画像石》，西安：陕西人民美术出版社，2001年，116页，图63；曹世玉总编：《绥德文库——汉画像石卷》，北京：中国文史出版社，2004年，174页，图122。
出土/征集时间	1976年出土
收藏地	绥德县博物馆

217

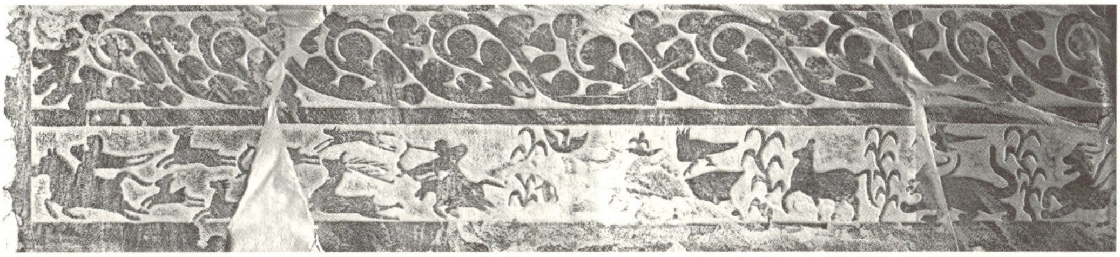

210

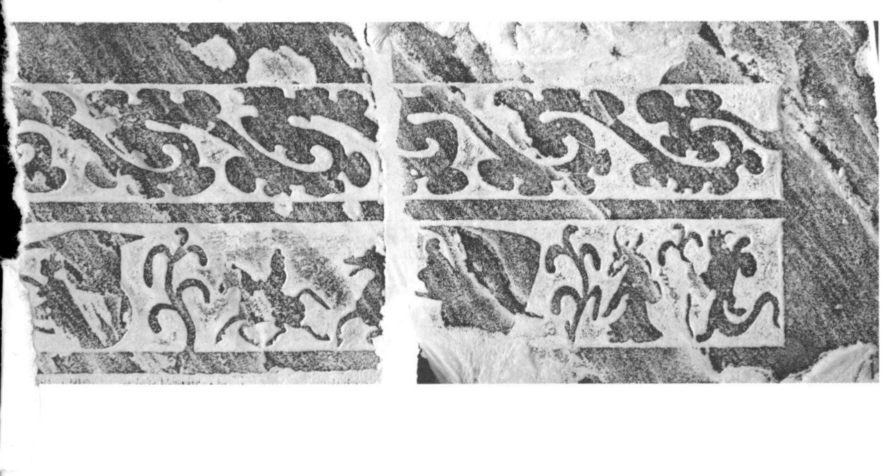

SSX-SD-070（局部）

SSX-SD-071（局部）

编号	SSX-SD-071
时代	东汉
原收藏号	2345-217
出土地	四十里铺镇
原石尺寸	168×38×7
画面尺寸	164×30
质地	砂岩
原石情况	原石断为四块。正面、背面平整；上侧面呈毛石状；下侧面平整，刻人字纹；左侧面平整，刻斜纹；右侧面为断面。
所属墓群	不详
组合关系	不详
画面简述	画面分为上、下两栏。上栏为卷云纹。下栏左边为狩猎图。两猎手张弓围射惊恐奔逃的鹿、兔、狐等。右为灵禽瑞兽图。有朱雀、凤鸟、人面鸟、麒麟、独角有翼犀牛形怪兽、翼龙。禽兽之间均以高大的瑞草间隔。
著录与文献	李林、康兰英、赵力光：《陕北汉代画像石》，西安：陕西人民出版社，1995年，图478；绥德汉画像石展览馆编，李贵龙、王建勤主编：《绥德汉代画像石》，西安：陕西人民美术出版社，2001年，134页，图72；曹世玉总编：《绥德文库——汉画像石卷》，北京：中国文史出版社，2004年，322页，图289。
出土/征集时间	1976年征集
收藏地	绥德县博物馆

219

编号	SSX-SD-072
时代	东汉
原收藏号	2347-219
出土地	四十里铺镇
原石尺寸	111×36
画面尺寸	106×24
质地	砂岩
原石情况	原石右下角残佚。正面、上侧面、左侧面平整，右侧面呈毛石状。
所属墓群	不详
组合关系	不详
画面简述	画面自上而下分为五格。第一格：厅堂内帷幔下垂，一妇人头戴胜仗，着袍而坐。面前一人（发式插簪）跪于地，伸手作捧物递送状。第二格：一人带通天冠，着袍站立，伸双臂作讲述状。左一人戴冠着袍，袖手站立恭听。右一人戴冠着袍，持棨戟站立。第三格：一舞伎头梳垂髾髻，身着袿衣，挥袖而舞。另一妇人头梳垂髾髻，身着拖地长裙，拥袖站立观看，身后一小孩头梳双丫髻，着袍站立。第四格：一辆轺车停立。第五格：博山炉，炉盘内立两株瑞草。
著录与文献	李林、康兰英、赵力光：《陕北汉代画像石》，西安：陕西人民出版社，1995年，图551；汤池：《中国画像石全集5：陕西、山西汉画像石》，济南：山东美术出版社，2000年，图183；绥德汉画像石展览馆编，李贵龙、王建勤主编：《绥德汉代画像石》，西安：陕西人民美术出版社，2001年，174页，图105；曹世玉总编：《绥德文库——汉画像石卷》，北京：中国文史出版社，2004年，251页，图207。
出土/征集时间	1976年出土
收藏地	绥德县博物馆

编号	SSX-SD-073
时代	东汉
原收藏号	2301-173
出土地	四十里铺镇
原石尺寸	122×49×6
画面尺寸	102×36
质地	砂岩
原石情况	正面、背面平整；上侧面平整，刻有斜纹；下侧面呈毛石状；左侧面平整，刻斜纹；右侧面平整，呈马蹄面。
所属墓群	不详
组合关系	
画面简述	朱雀、铺首、白虎图。朱雀的眼和羽翅、铺首的五官、虎的五官和身上的斑纹均以阴线刻画，铺首的口腔内阴刻。
著录与文献	李林、康兰英、赵力光：《陕北汉代画像石》，西安：陕西人民出版社，1995年，图599；绥德汉画像石展览馆编，李贵龙、王建勤主编：《绥德汉代画像石》，西安：陕西人民美术出版社，2001年，103页，图50；曹世玉总编：《绥德文库汉画像石卷》，北京：中国文史出版社，2004年，318页，图283。
出土/征集时间	1976年出土
收藏地	绥德县博物馆

编号	SSX-SD-074
时代	东汉
原收藏号	2302-174
出土地	四十里铺镇
原石尺寸	124×49×5
画面尺寸	99×40
质地	砂岩
原石情况	正面、背面平整光滑；上侧面平整，刻人字纹；下侧面平整，刻斜纹；左侧面平整；右侧面平整，刻人字纹，局部斜纹。
所属墓群	不详
组合关系	不详
画面简述	朱雀、铺首、青龙图。朱雀的眼和羽翅、铺首的五官、龙的眼均以阴线刻画，铺首的口腔内阴刻，牙齿、舌则阳刻。
著录与文献	李林、康兰英、赵力光：《陕北汉代画像石》，西安：陕西人民出版社，1995年，图609；绥德汉画像石展览馆编，李贵龙、王建勤主编：《绥德汉代画像石》，西安：陕西人民美术出版社，2001年，103页，图50；曹世玉总编：《绥德文库——汉画像石卷》，北京：中国文史出版社，2004年，318页，图284。
出土/征集时间	1976年出土
收藏地	绥德县博物馆

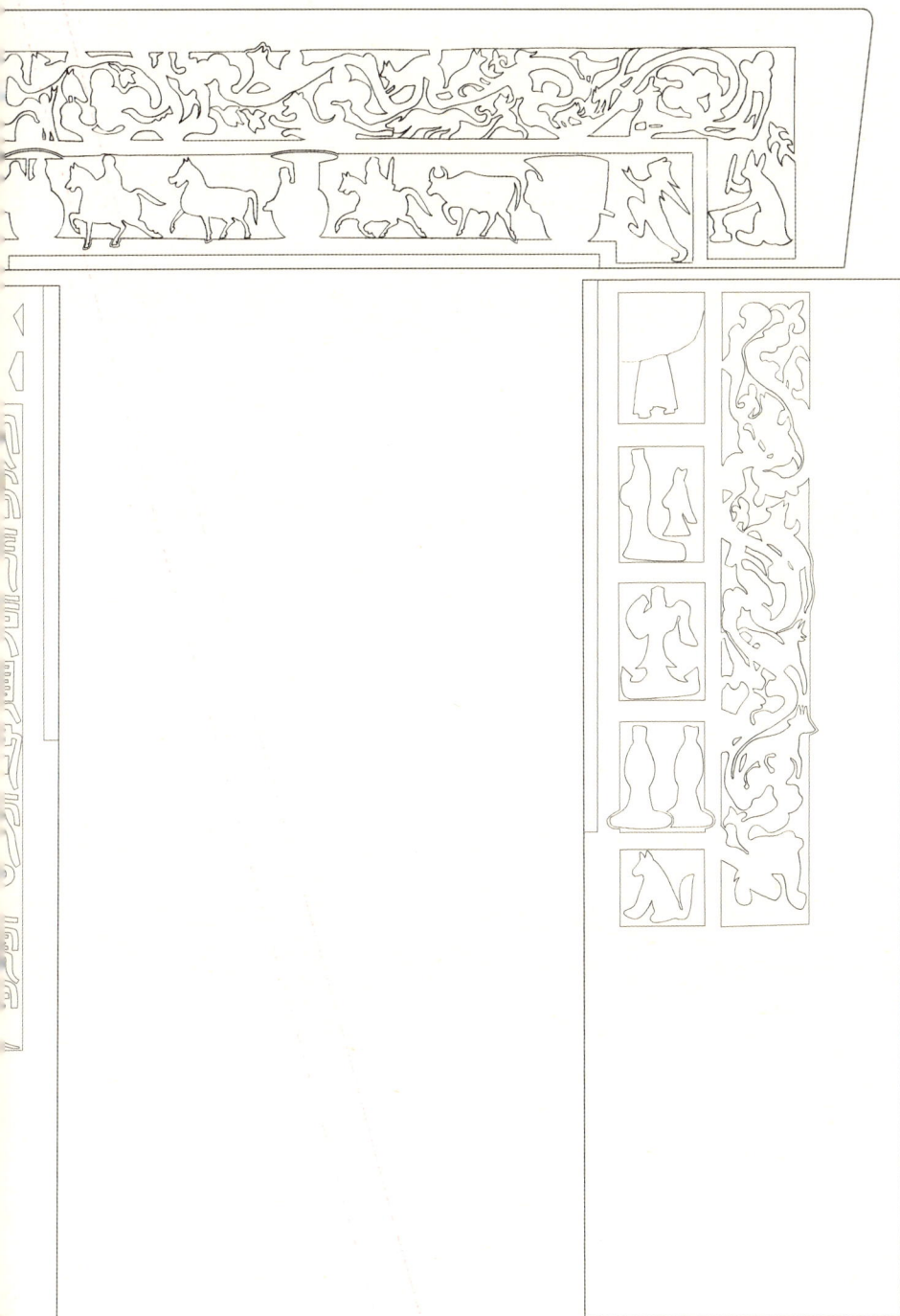

四十里铺镇大高平令郭君夫人墓墓室四石组合

SSX-SD-075-01—SSX-SD-075-04

编号	SSX-SD-075-01
时代	东汉
原收藏号	2248-120
出土地	四十里铺镇
原石尺寸	248×38
画面尺寸	233×26
质地	砂岩
原石情况	原石断为两截，左段上部残佚一角。正面、下侧面平整，上侧面、右侧面呈毛石状，左侧面为断面。
所属墓群	大高平令郭君夫人墓
组合关系	横楣石，与左、右门柱，中柱石为墓室四石组合。
画面简述	画面分为内、外两栏。外栏为卷云鸟兽纹，其间穿插玉兔捣药、羽人斗兽、狐、飞鸟、鹿、青鸟、仙鹤、羽人拽怪兽尾、怪兽咬虎尾、麒麟等鸟兽。内栏为车骑狩猎图。左边两猎手追射奔逃的虎、羊、鹿、兔。右边一导骑在前，一辆轺车，一辆屏车行进，两车的前后均有导骑和从卫跟随。右边一辆牛车相随。一羽人伸手作敬献瑞草状。
著录与文献	李林、康兰英、赵力光：《陕北汉代画像石》，西安：陕西人民出版社，1995 年，图 313；汤池：《中国画像石全集 5：陕西、山西汉画像石》，济南：山东美术出版社，2000 年，图 166；绥德汉画像石展览馆编，李贵龙、王建勤主编：《绥德汉代画像石》，西安：陕西人民美术出版社，2001 年，82 页，图 37；曹世玉总编：《绥德文库——汉画像石卷》，北京：中国文史出版社，2004 年，254 页，图 211。
出土/征集时间	1980 年出土
收藏地	绥德县博物馆

编号	SSX-SD-075-02
时代	东汉
原收藏号	2249-121
出土地	四十里铺镇
原石尺寸	142×51×6
画面尺寸	86×27
质地	砂岩
原石情况	正面、背面平整；左侧面呈毛石状；上侧面、右侧面平整，刻人字纹。
所属墓群	大高平令郭君夫人墓
组合关系	左门柱，与横楣石、右门柱、中柱石为墓室四石组合。
画面简述	画面分为内、外两栏。外栏为卷云鸟兽纹，其间穿插熊、三角鹿形兽、双角六腿兽、鹿、羽人按虎头。内栏自上而下分为五格。第一格：一人带帻巾着袍站立。第二格：一舞伎着袿衣挥袖而舞。第三格：一人戴冠着拖地长裙袖手站立，一小孩头梳双丫髻，着袍站立。第四格：两人着拖地长裙站立。第五格：一犬蹲立于地。
著录与文献	李林、康兰英、赵力光：《陕北汉代画像石》，西安：陕西人民出版社，1995年，图314；汤池：《中国画像石全集5：陕西、山西汉画像石》，济南：山东美术出版社，2000年，图142；绥德汉画像石展览馆编，李贵龙、王建勤主编：《绥德汉代画像石》，西安：陕西人民美术出版社，2001年，82页，图37；曹世玉总编：《绥德文库——汉画像石卷》，北京：中国文史出版社，2004年，254页，图212。
出土/征集时间	1980年出土
收藏地	绥德县博物馆

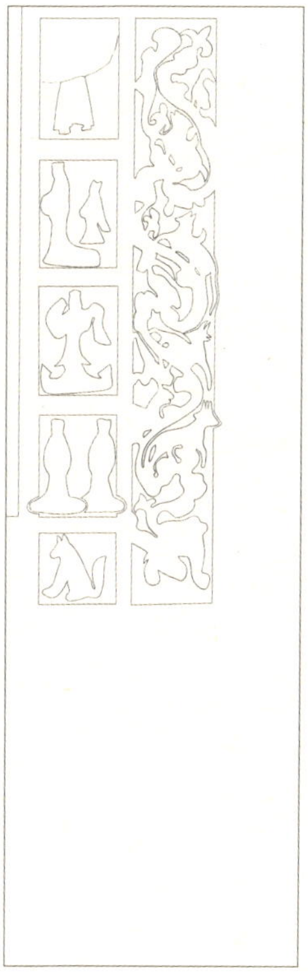

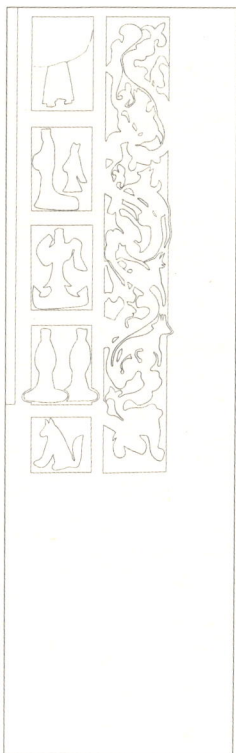

编号	SSX-SD-075-03
时代	东汉
原收藏号	2251-123
出土地	四十里铺镇
原石尺寸	145×45×7
画面尺寸	86×27
质地	砂岩
原石情况	正面、背面平整，左上角略残；上侧面平整，靠正面半部分凿斜纹，靠背面部分呈毛石状；下侧面及右侧面呈毛石状；左侧面平整，刻人字纹。
所属墓群	大高平令郭君夫人墓
组合关系	右门柱，与横楣石、左门柱、中柱石为墓室四石组合。
画面简述	画面分为内、外两栏。外栏为卷云鸟兽纹，其间穿插熊、三角鹿形兽、双角六腿兽、鹿、羽人按虎头。内栏自上而下分为五格。第一格：石面残失，似为一人站立。第二格：一人戴冠着拖地长裙袖手站立，一小孩头梳双丫髻，着袍站立。第三格：一舞伎着袿衣挥袖而舞。第四格：两人着拖地长裙站立。第五格：一犬蹲立于地。
著录与文献	李林、康兰英、赵力光：《陕北汉代画像石》，西安：陕西人民出版社，1995年，图316；绥德汉画像石展览馆编，李贵龙、王建勤主编：《绥德汉代画像石》，西安：陕西人民美术出版社，2001年，83页，图37；曹世玉总编：《绥德文库——汉画像石卷》，北京：中国文史出版社，2004年，255页，图214。
出土/征集时间	1980年出土
收藏地	绥德县博物馆
备注	与左门柱同模板镜向对立。

编号	SSX-SD-075-04
时代	东汉
原收藏号	2250-122
出土地	四十里铺镇
原石尺寸	137×15
画面尺寸	106×7
质地	砂岩
原石情况	正面、背面平整；上、左、右侧面平整；下侧面呈毛石状。
所属墓群	大高平令郭君夫人墓
组合关系	中柱石，与横楣石，左、右门柱为墓室四石组合。
画面简述	上为斗栱，下篆体阳刻“大高平令郭君夫人（之？）室宅”十个字。
著录与文献	李林、康兰英、赵力光：《陕北汉代画像石》，西安：陕西人民出版社，1995年，图315；绥德汉画像石展览馆编，李贵龙、王建勤主编：《绥德汉代画像石》，西安：陕西人民美术出版社，2001年，83页，图37；曹世玉总编：《绥德文库——汉画像石卷》，北京：中国文史出版社，2004年，254页，图213。
出土/征集时间	1980年出土
收藏地	绥德县博物馆

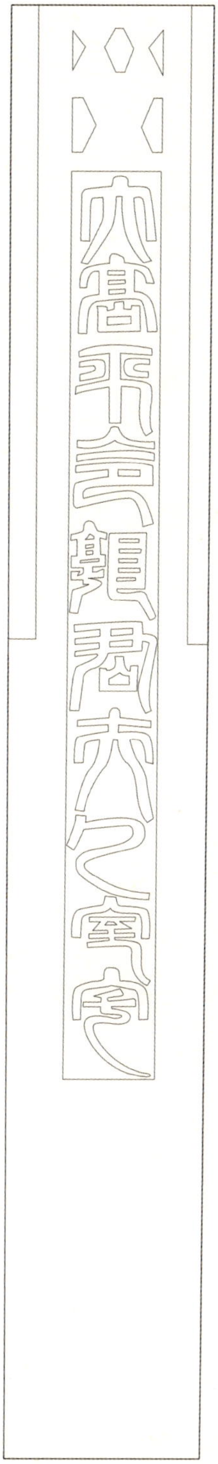

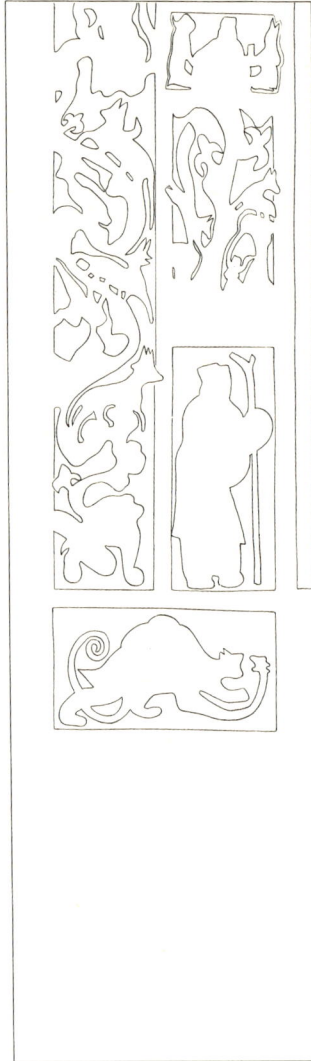

四十里铺镇汉墓墓门三石组合

SSX-SD-076-01—SSX-SD-076-03

117

编号	SSX-SD-076-01
时代	东汉
原收藏号	2245-117
出土地	四十里铺镇
原石尺寸	192×38×5
画面尺寸	145×27
质地	砂岩
原石情况	原石断为两截。正面、背面平整；上、左、右侧面呈毛石状；下侧面平整，凿人字纹。
所属墓群	不详
组合关系	门楣石，与左、右门柱为墓门三石组合。
画面简述	画面分内、外两栏。外栏为卷云鸟兽纹，卷云间穿插羽人、飞鸟、鹿、羽人拽怪兽尾、怪兽咬虎尾、麒麟等鸟兽。左右两端各阳刻一圆，象征日、月。内栏为灵禽瑞兽图。从左到右有双角翼龙、双头鹿、独角翼龙、凤鸟、朱雀、麒麟、独角有翼犀牛形怪兽。
著录与文献	李林、康兰英、赵力光：《陕北汉代画像石》，西安：陕西人民出版社，1995年，图338；绥德汉画像石展览馆编，李贵龙、王建勤主编：《绥德汉代画像石》，西安：陕西人民美术出版社，2001年，60页，图26；曹世玉总编：《绥德文库——汉画像石卷》，北京：中国文史出版社，2004年，196页，图151。
出土/征集时间	1980年征集
收藏地	绥德县博物馆

SSX-SD-076-01（局部）

编号	SSX-SD-076-02
时代	东汉
原收藏号	2246-118
出土地	四十里铺镇
原石尺寸	126×38×5
画面尺寸	86×27
质地	砂岩
原石情况	原石断为二截。正面、背面平整；左侧面呈毛石状；右侧面平整，凿人字纹。
所属墓群	不详
组合关系	左门柱，与门楣石、右门柱为墓门三石组合。
画面简述	画面分上、下两格。上格分内、外两栏。外栏为卷云鸟兽纹，卷云间穿插熊、羽人按虎头、三角怪兽、六腿怪兽、仙鹿。内栏上为东王公（西王母？）端坐于神树之巅，左右有羽人、玉兔跪侍。树干间有狐、鹿和飞鸟、瑞草。下段一门吏头戴平巾帻，身着长襦大袴，持棨戟面门而立。下格为玄武。
著录与文献	李林、康兰英、赵力光：《陕北汉代画像石》，西安：陕西人民出版社，1995年，图339；绥德汉画像石展览馆编，李贵龙、王建勤主编：《绥德汉代画像石》，西安：陕西人民美术出版社，2001年，60页，图26；曹世玉总编：《绥德文库——汉画像石卷》，北京：中国文史出版社，2004年，196页，图152。
出土/征集时间	1980年征集
收藏地	绥德县博物馆

119

编号	SSX-SD-076-03
时代	东汉
原收藏号	2247-119
出土地	四十里铺镇
原石尺寸	133×38×5
画面尺寸	85×26
质地	砂岩
原石情况	正面、背面平整；上、下、右侧面均呈毛石状；左侧面平整，凿人字纹。
所属墓群	不详
组合关系	右门柱，与门楣石、左门柱为墓门三石组合。
画面简述	画面分内、外两栏。外栏为卷云鸟兽纹，卷云间穿插熊、羽人按虎头、三角怪兽、六腿怪兽、仙鹿。内栏上为东王公（西王母？）端坐于神树之巅，左右有羽人、玉兔跪侍。树干间有狐、鹿和飞鸟、瑞草。下段一门吏头戴平巾帻，身着长襦大袴，拥彗面门而立。下格为玄武。
著录与文献	李林、康兰英、赵力光：《陕北汉代画像石》，西安：陕西人民出版社，1995年，图340；绥德汉画像石展览馆编，李贵龙、王建勤主编：《绥德汉代画像石》，西安：陕西人民美术出版社，2001年，61页，图26；曹世玉总编：《绥德文库——汉画像石卷》，北京：中国文史出版社，2004年，197页，图153。
出土/征集时间	1980年征集
收藏地	绥德县博物馆
备注	左、右门柱除门吏所执彗与棨戟的变化之外，其余皆使用同一模板制作。

222

222

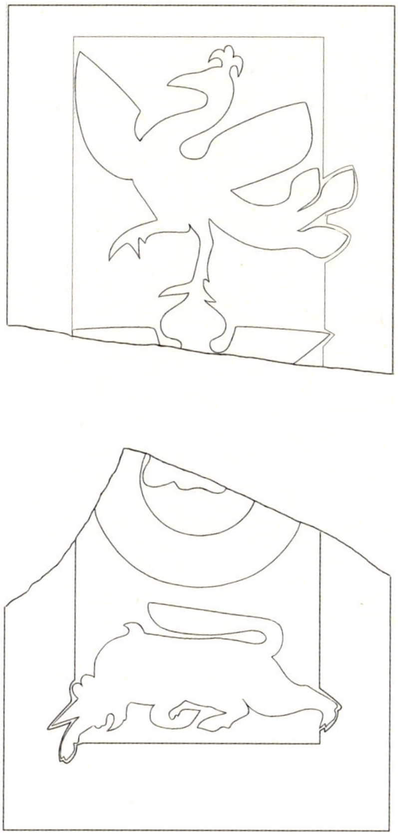

编号	SSX-SD-077
时代	东汉
原收藏号	2350-222
出土地	四十里铺镇
原石尺寸	107×49×5
画面尺寸	91×31
质地	砂岩
原石情况	原石断为数块，仅留上、下二段，中间部分残佚。正面、背面、左侧面平整；上侧面平整，凿斜纹；下侧面、右侧面呈毛石状。
所属墓群	不详
组合关系	不详
画面简述	朱雀、铺首、独角兽图。
著录与文献	未发表
出土/征集时间	1980年征集
收藏地	绥德县博物馆

185

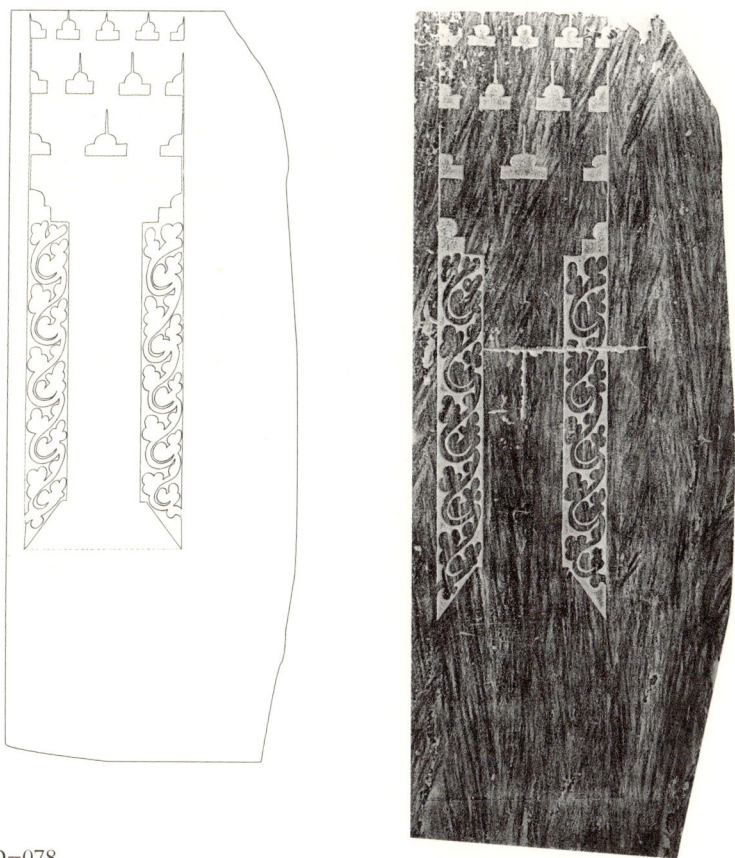

编号	SSX-SD-078
时代	东汉
原收藏号	2313-185
出土地	四十里铺镇
原石尺寸	146×59
画面尺寸	105×30
质地	砂岩
原石情况	正面、上侧面平整；下侧面、右侧面呈毛石状；左侧面平整，凿斜纹或人字纹。
所属墓群	不详
组合关系	不详
画面简述	画面正中为一立柱，覆斗形柱础，四层斗栱。柱两旁为卷云纹。
著录与文献	李林、康兰英、赵力光：《陕北汉代画像石》，西安：陕西人民出版社，1995 年，图 557；绥德汉画像石展览馆编，李贵龙、王建勤主编：《绥德汉代画像石》，西安：陕西人民美术出版社，2001 年，189 页，图 120；曹世玉总编：《绥德文库——汉画像石卷》，北京：中国文史出版社，2004 年，426 页，图 386。
出土/征集时间	1980 年征集
收藏地	绥德县博物馆

编号	SSX-SD-079
时代	东汉
原收藏号	2315-187
出土地	四十里铺镇
原石尺寸	137×20
画面尺寸	101×9
质地	砂岩
原石情况	正面、上侧面、右侧面平整；下侧面呈毛石状；左侧面平整，凿斜纹。
所属墓群	田文成墓
组合关系	不详
画面简述	篆体阳刻“西河太守掾圜阳榆里田文成万年室延平元年十月十七日瘗”二十五个字。
著录与文献	李林、康兰英、赵力光:《陕北汉代画像石》，西安：陕西人民出版社，1995年，图612；绥德汉画像石展览馆编，李贵龙、王建勤主编：《绥德汉代画像石》，西安:陕西人民美术出版社，2001年，192页，图123。曹世玉总编：《绥德文库——汉画像石卷》，北京：中国文史出版社，2004年，505页，图475。
出土/征集时间	1980年征集
收藏地	绥德县博物馆

西河大守掾圜陽榆里田文成萬年室延平元年十月十七日葬

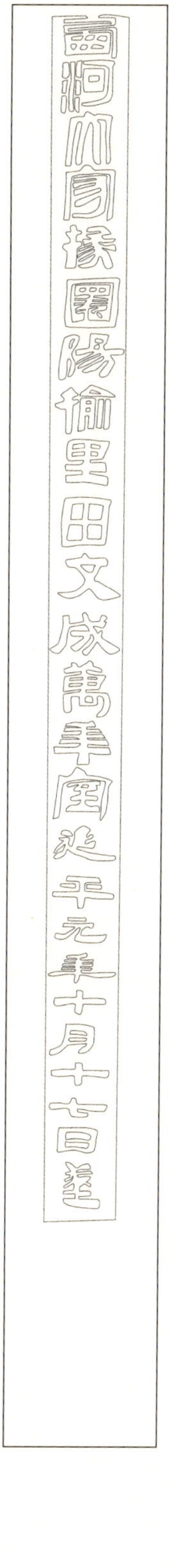
西河大守掾圜陽榆里田文成萬年室延平元年十月十七日葬

编号	SSX-SD-080
时代	东汉
原收藏号	2266-138
出土地	四十里铺镇
原石尺寸	192×44×8
画面尺寸	159×34
质地	砂岩
原石情况	原石断为二截。正面、背面平整；上侧面平整，凿斜纹；下侧面平整，凿人字纹，左、右侧面均呈毛石状。
所属墓群	不详
组合关系	不详
画面简述	画面分为内、外两栏。外栏为车骑行进图。三辆轺车前后有八名骑吏跟随，有的执弓，有的荷棨戟，右下端一名骑吏竟然背道而驰，可能是使用模板的失误。补白朱雀和鸡。内栏为猎人、白虎、天马、仙人捧芝等，中间隔以瑞草。
著录与文献	李林、康兰英、赵力光：《陕北汉代画像石》，西安：陕西人民出版社，1995年，图464；汤池：《中国画像石全集5：陕西、山西汉画像石》，济南：山东美术出版社，2000年，图162；绥德汉画像石展览馆编，李贵龙、王建勤主编：《绥德汉代画像石》，西安：陕西人民美术出版社，2001年，112页，图61；曹世玉总编：《绥德文库——汉画像石卷》，北京：中国文史出版社，2004年，246页，图202。
出土/征集时间	1981年出土
收藏地	绥德县博物馆

138

138

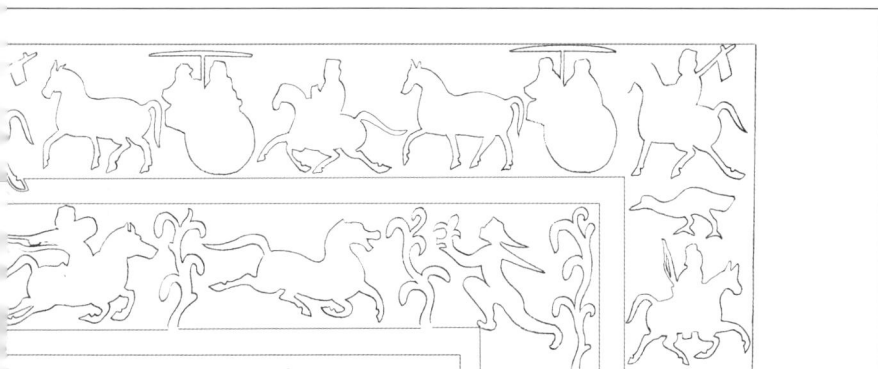

215

编号	SSX-SD-081
时代	东汉
原收藏号	2343-215
出土地	四十里铺镇
原石尺寸	137×35（碑林半截为 57×36 ）
画面尺寸	118×34（碑林半截不详）
质地	砂岩
原石情况	原石断为二截，左段藏绥德博物馆，右段藏西安碑林博物馆。正面、上侧面、下侧面平整，左侧面呈毛石状。
所属墓群	不详
组合关系	不详
画面简述	画面分为内、外两栏。外栏为卷云鸟兽纹，卷云间穿插犬、羽人、青龙、鹿、羊、凤鸟、狐、独角怪兽等。左端阳刻一圆形，内阴线刻金乌，显为太阳。右端阳刻一圆形，内阴线刻蟾蜍，当为月亮。内栏刻画历史故事“完璧归赵”。戴王冠着袍的秦王跽坐于多层斗栱立柱的左边，持璧的蔺相如于柱右。秦王身后两老者戴冠着袍，持鸠杖恭立。左边一人戴冠着袍，拥袖面左站立，与面前另一着袍妇人相互致礼。右端一骑吏反身朝后，张弓射虎。
著录与文献	陕西省博物馆、陕西省文物管理委员会合编:《陕北东汉画像石刻选集》，北京:文物出版社，1959 年，81 页，图 73;李林、康兰英、赵力光 :《陕北汉代画像石》，西安 : 陕西人民出版社，1995 年，图 467 ; 汤池 :《中国画像石全集 5 : 陕西、山西汉画像石》，济南 : 山东美术出版社，2000 年，图 122 ; 绥德汉画像石展览馆编，李贵龙、王建勤主编 :《绥德汉代画像石》，西安 : 陕西人民美术出版社，2001 年，124 页，图 67 ; 陈秀慧 :《陕北汉墓完璧归赵画像考——从神木大堡当 M16 门楣画像谈起》，载《艺术学》，2007 年第 23 期，7-74 页 ; 曹世玉总编 :《绥德文库——汉画像石卷》，北京 : 中国文史出版社，2004 年，304 页，图 273。
出土/征集时间	1981 年出土左半截，碑林所藏半截为 1957 年征集
收藏地	绥德县博物馆（右半截在西安碑林博物馆）

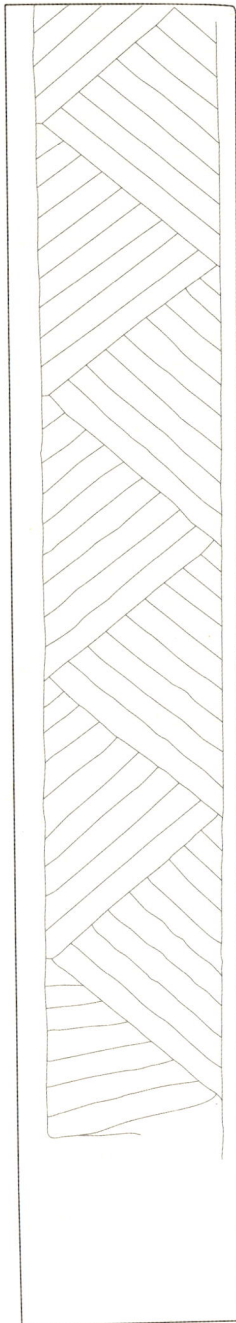

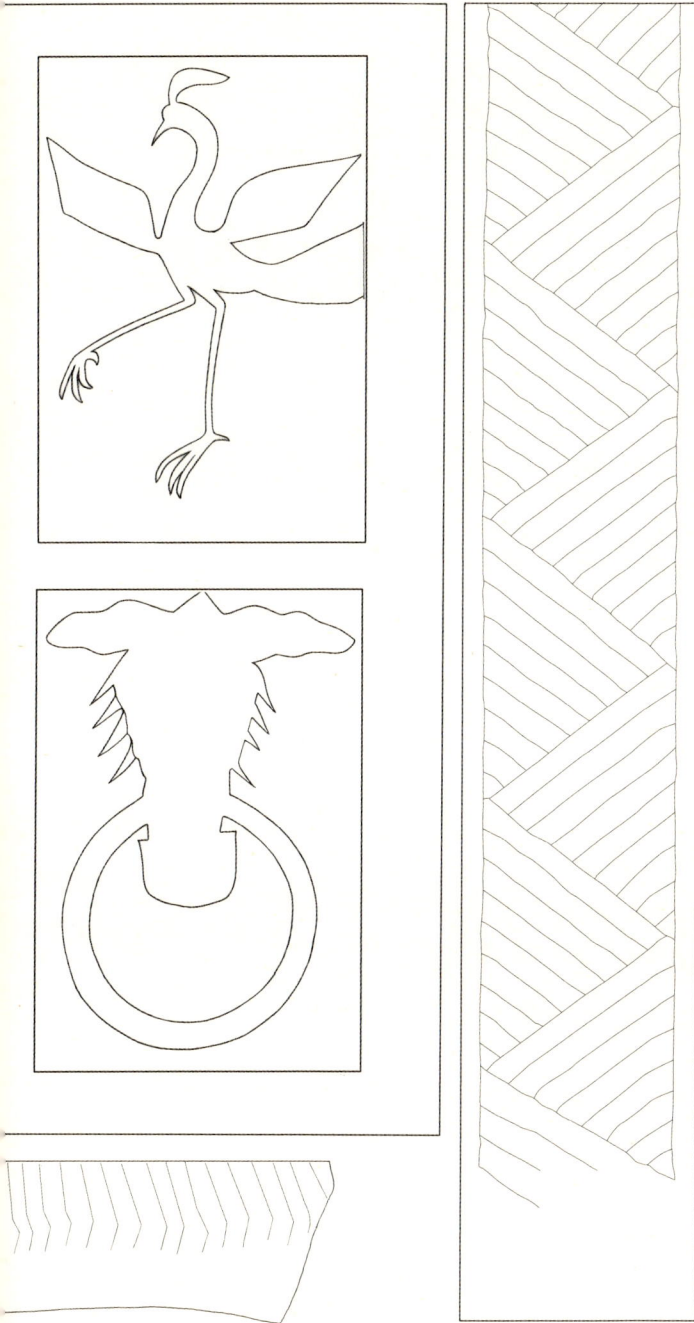

四十里铺镇墓门面五石组合

SSX-SD-082-01—SSX-SD-082-05

编号	SSX-SD-082-01
时代	东汉
原收藏号	2257-129
出土地	四十里铺镇
原石尺寸	133×25×6
画面尺寸	113×19
质地	砂岩
原石情况	正面、背面、上侧面平整；下侧面、左侧面呈毛石状；右侧面平整，刻斜纹。
所属墓群	不详
组合关系	左门柱，与右门柱，左、右门扉，门槛石为墓门面五石组合。
画面简述	工整的阴刻斜线构成的锯齿纹。
著录与文献	李林、康兰英、赵力光:《陕北汉代画像石》，西安：陕西人民出版社，1995年，图420;曹世玉总编:《绥德文库——汉画像石卷》，北京：中国文史出版社，2004年，301页，图265。
出土/征集时间	1983年出土
收藏地	绥德县博物馆

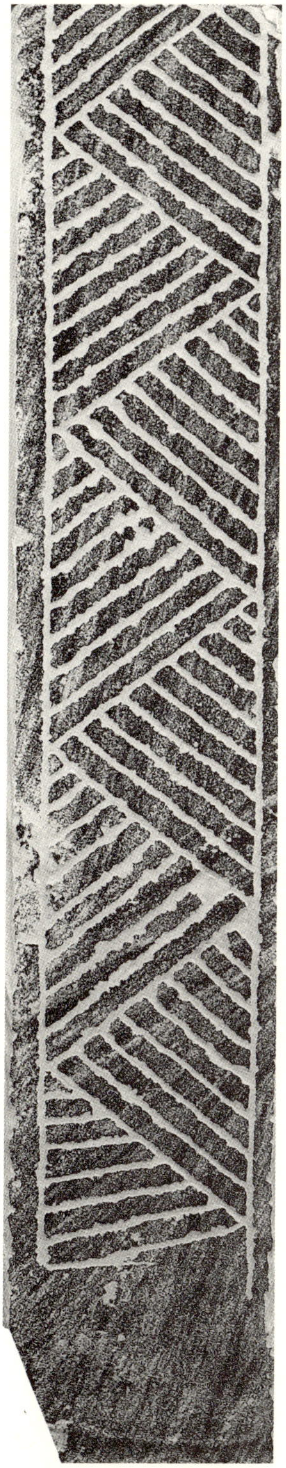

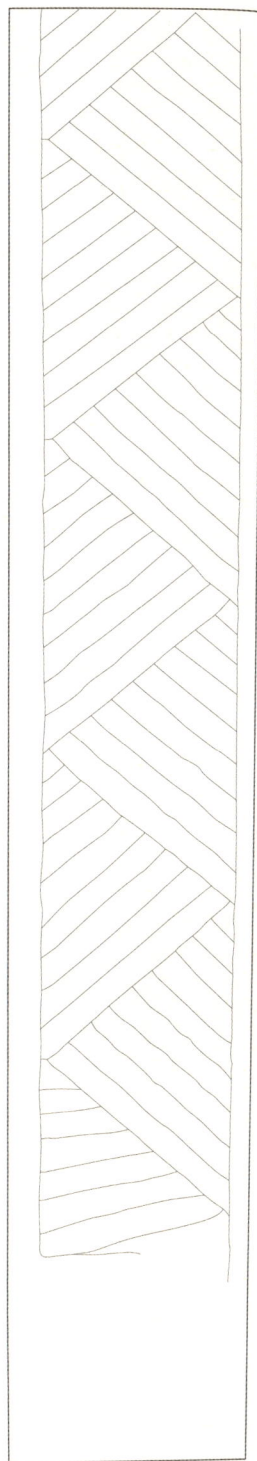

编号	SSX-SD-082-02
时代	东汉
原收藏号	2258-130
出土地	四十里铺镇
原石尺寸	130×28×6
画面尺寸	115×19
质地	砂岩
原石情况	正面、背面、上侧面平整；下侧面、右侧面呈毛石状；左侧面平整，凿斜纹。
所属墓群	不详
组合关系	右门柱，与左门柱，左、右门扉，门槛石为墓门面五石组合。
画面简述	工整的阴刻斜线构成的锯齿纹。
著录与文献	李林、康兰英、赵力光:《陕北汉代画像石》，西安：陕西人民出版社，1995 年，图 423；曹世玉总编：《绥德文库——汉画像石卷》，北京：中国文史出版社，2004 年，301 页，图 266。
出土/征集时间	1983 年出土
收藏地	绥德县博物馆

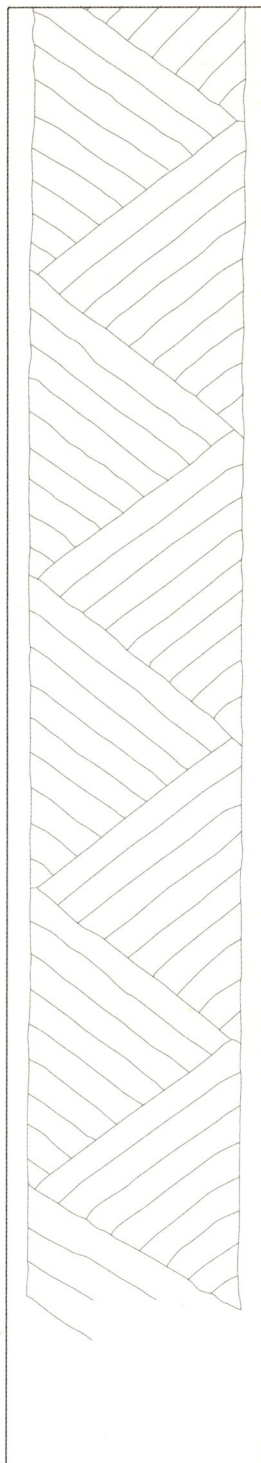

230

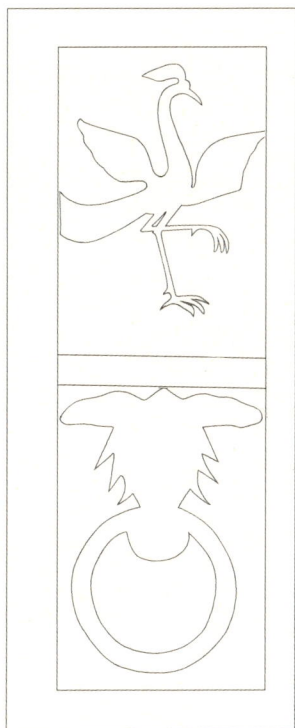

编号	SSX-SD-082-03
时代	东汉
原收藏号	2358-230
出土地	四十里铺镇
原石尺寸	108×45×6
画面尺寸	96×32
质地	砂岩
原石情况	正面、背面、上侧面平整，有平口刀刮纹；下侧面平整，刻人字纹；左侧面平整，刻人字纹；右侧面平整，有平口刀刮痕。
所属墓群	不详
组合关系	左门扉，与左、右门柱，右门扉，门槛石为墓门面五石组合。
画面简述	朱雀、铺首图。铺首的脸庞边沿有须发蓬出。
著录与文献	李林、康兰英、赵力光：《陕北汉代画像石》，西安：陕西人民出版社，1995年，图421；绥德汉画像石展览馆编，李贵龙、王建勤主编：《绥德汉代画像石》，西安：陕西人民美术出版社，2001年，104页，图53；曹世玉总编:《绥德文库——汉画像石卷》，北京：中国文史出版社，2004年，177页，图124。
出土/征集时间	1983年出土
收藏地	绥德县博物馆

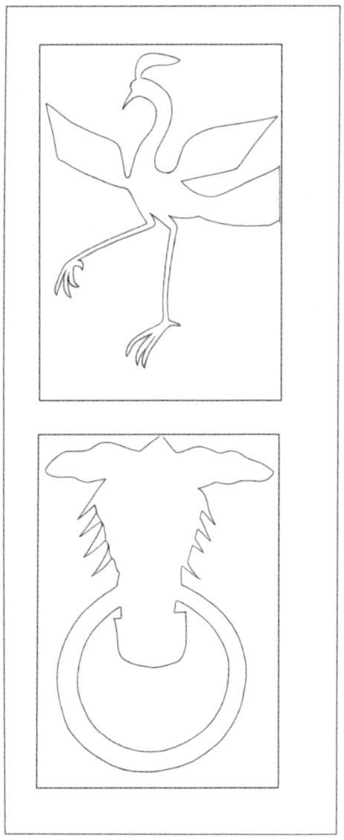

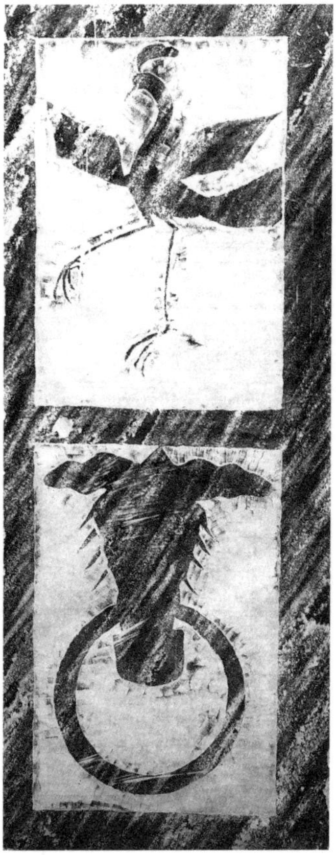

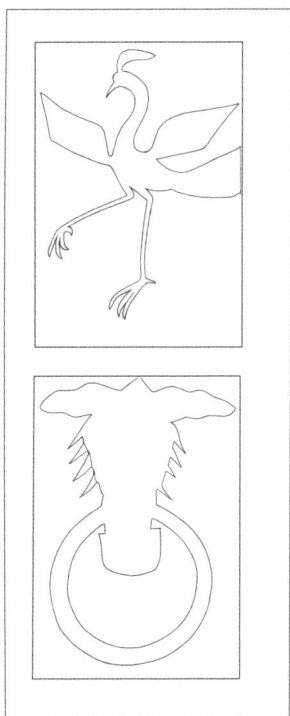

编号 SSX-SD-082-04

时代 东汉

原收藏号 2261-133

出土地 四十里铺镇

原石尺寸 109×34×6

画面尺寸 97×32

质地 砂岩

原石情况 正面、背面、上侧面、下侧面平整；左、右侧面平整，刻人字纹。

所属墓群 不详

组合关系 右门扉，与左、右门柱，左门扉，门槛石为墓门面五石组合。

画面简述 朱雀、铺首图。铺首的脸庞较长，边沿有须发蓬出。

著录与文献 李林、康兰英、赵力光：《陕北汉代画像石》，西安：陕西人民出版社，1995 年，图 422；绥德汉画像石展览馆编，李贵龙、王建勤主编：《绥德汉代画像石》，西安：陕西人民美术出版社，2001 年，104 页，图 53；曹世玉总编：《绥德文库——汉画像石卷》，北京：中国文史出版社，2004 年，177 页，图 125。

出土/征集时间 1983 年出土

收藏地 绥德县博物馆

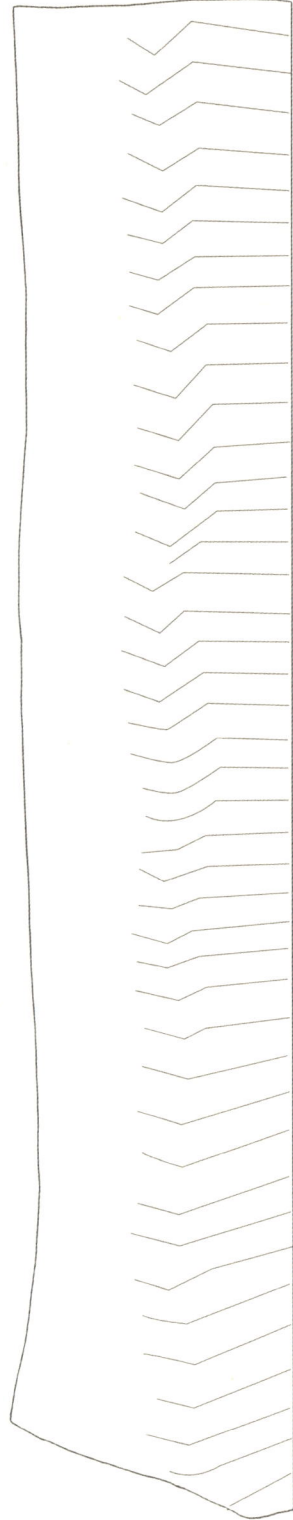

编号	SSX-SD-082-05
时代	东汉
原收藏号	无
出土地	四十里铺镇
原石尺寸	68×14
画面尺寸	
质地	砂岩
原石情况	正面、背面平整。
所属墓群	不详
组合关系	门槛石，与左、右门柱，左、右门扉为墓门面五石组合。
画面简述	阴刻“人”字头形斜纹。
著录与文献	李林、康兰英、赵力光：《陕北汉代画像石》，西安：陕西人民出版社，1995年，图424。
出土/征集时间	1983年出土
收藏地	绥德县博物馆

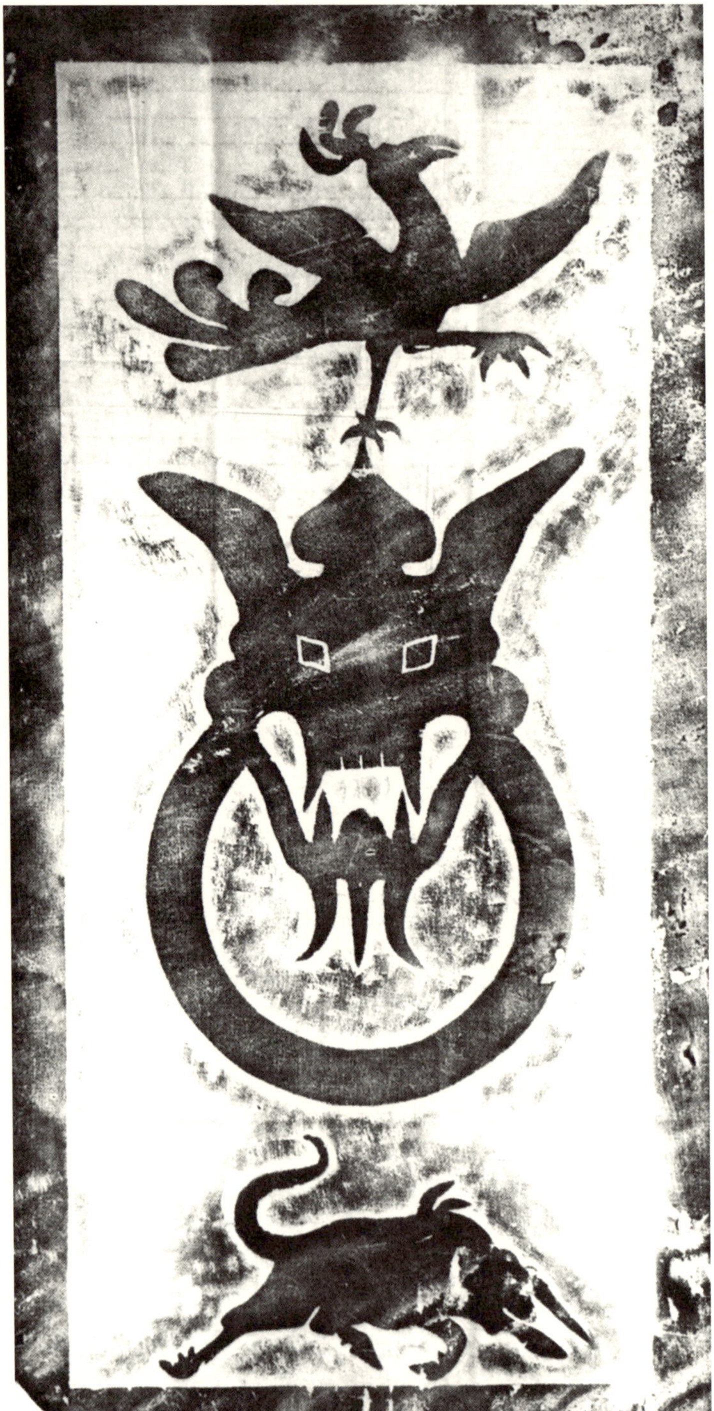

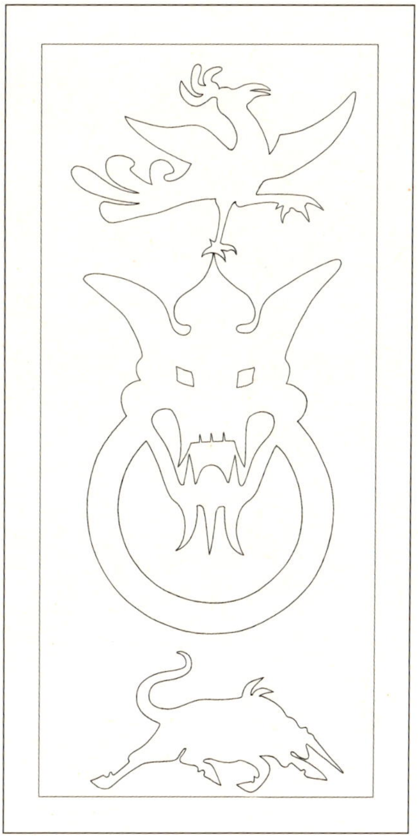

编号 SSX-SD-083
时代 东汉
原收藏号 2312-184
出土地 四十里铺镇
原石尺寸 140×60×7
画面尺寸 100×24
质地 砂岩
原石情况 正面、背面、上侧面平整；下侧面、右侧面呈毛石状；左侧面平整，凿人字纹。
所属墓群 不详
组合关系 不详
画面简述 朱雀、铺首、独角兽图。铺首的眼睛阴线刻成菱形，口腔阴刻。
著录与文献 李林、康兰英、赵力光：《陕北汉代画像石》，西安：陕西人民出版社，1995年，图537；绥德汉画像石展览馆编，李贵龙、王建勤主编：《绥德汉代画像石》，西安：陕西人民美术出版社，2001年，页181，图112；曹世玉总编：《绥德文库——汉画像石卷》，北京：中国文史出版社，2004年，369页，图344。
出土/征集时间 1983年征集
收藏地 绥德县博物馆

四十里铺镇墓门三石组合

SSX-SD-084-01—SSX-SD-084-03

编号	SSX-SD-084-01
时代	东汉
原收藏号	2308-180
出土地	四十里铺镇
原石尺寸	218×38
画面尺寸	153×33
质地	砂岩
原石情况	正面、下侧面、右侧面平整；上侧面平整，凿斜纹；左侧面呈毛石状。
所属墓群	不详
组合关系	横楣石，与左、右门柱为三石组合。
画面简述	画面分为内、外两栏。外栏为卷云鸟兽纹。左、右两端各阳刻一圆形，象征日、月。卷云间有飞鸟、芝草、羽人拽怪兽尾、怪兽咬虎尾、九尾狐、青龙、虎、麒麟等。内栏为车骑行进图。一辆轺车和一辆辎车，五名骑吏前导后从。其中三人执弓，一人徒手，一人背负棍状器。
著录与文献	李林、康兰英、赵力光:《陕北汉代画像石》，西安:陕西人民出版社，1995 年，图 417;绥德汉画像石展览馆编，李贵龙、王建勤主编 :《绥德汉代画像石》，西安 : 陕西人民美术出版社，2001 年，114 页，图 62；曹世玉总编 :《绥德文库——汉画像石卷》，北京 : 中国文史出版社，2004 年，304 页，图 271。
出土/征集时间	1985 年征集
收藏地	绥德县博物馆

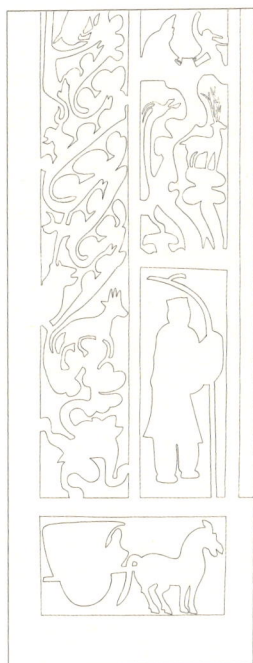

编号	SSX-SD-084-02
时代	东汉
原收藏号	2310-182
出土地	四十里铺镇
原石尺寸	95×38
画面尺寸	87×39
质地	砂岩
原石情况	正面、上侧面平整；下侧面呈毛石面；左、右侧面平整。
所属墓群	不详
组合关系	左门柱，与横楣石、右门柱为三石组合。
画面简述	画面分为上、下两格。上格分内、外两栏。外栏为卷云鸟兽纹，与横楣石外栏的卷云纹衔接。内栏上格为东王公与羽人坐于神树之巅博弈。树干间有龙、雄鹿。下为一门吏，戴帻着长襦大袴，持棨戟面门而立。下格为一輂车。
著录与文献	李林、康兰英、赵力光：《陕北汉代画像石》，西安：陕西人民出版社，1995年，图418；绥德汉画像石展览馆编，李贵龙、王建勤主编：《绥德汉代画像石》，西安：陕西人民美术出版社，2001年，163页，图94；曹世玉总编：《绥德文库——汉画像石卷》，北京：中国文史出版社，2004年，364页，图337。
出土/征集时间	1985年征集
收藏地	绥德县博物馆

编号	SSX-SD-084-03
时代	东汉
原收藏号	2309-181
出土地	四十里铺镇
原石尺寸	125×38
画面尺寸	87×28
质地	砂岩
原石情况	正面、上侧面平整；下侧面呈毛石状；左、右侧面平整，凿斜纹。
所属墓群	不详
组合关系	右门柱，与横楣石、左门柱为三石组合。
画面简述	画面分为上、下两格。上格分内、外两栏。外栏为卷云鸟兽纹，与横楣石外栏的卷云纹衔接。内栏上格为西王母头戴胜仗，端坐于神树之巅，左右有玉兔、羽人跪侍。树干间有狐、鹿、飞鸟、瑞草。下一门吏，戴帻着长襦大袴，拥彗面门而立。下格为一牛拉车。
著录与文献	李林、康兰英、赵力光：《陕北汉代画像石》，西安：陕西人民出版社，1995年，图419；绥德汉画像石展览馆编，李贵龙、王建勤主编：《绥德汉代画像石》，西安：陕西人民美术出版社，2001年，163页，图94；曹世玉总编：《绥德文库——汉画像石卷》，北京：中国文史出版社，2004年，364页，图338。
出土/征集时间	1985年征集
收藏地	绥德县博物馆

编号	SSX-SD-085
时代	东汉
原收藏号	2311-183
出土地	四十里铺镇
原石尺寸	93×34×8
画面尺寸	72×29
质地	砂岩
原石情况	原石右段残佚。正面、背面平整；上、下侧面平整，凿人字纹；左侧面呈毛石状，右侧面为断面。
所属墓群	不详
组合关系	不详
画面简述	画面分为内、外两栏。外栏为枝柯蔓草纹，左端阳刻一圆形，象征日（月）。内栏为狩猎图。一猎手骑马张弓追射奔逃的鹿、虎、兔。猎手之后是两名徒手骑吏相随。
著录与文献	李林、康兰英、赵力光：《陕北汉代画像石》，西安：陕西人民出版社，1995年，图487；绥德汉画像石展览馆编，李贵龙、王建勤主编：《绥德汉代画像石》，西安：陕西人民美术出版社，2001年，144页，图77；曹世玉总编：《绥德文库——汉画像石卷》，北京：中国文史出版社，2004年，144页，图86。
出土/征集时间	1992年征集
收藏地	绥德县博物馆

编号	SSX-SD-086
时代	东汉
原收藏号	2423-295
出土地	四十里铺镇
原石尺寸	140×34×7
画面尺寸	90×14
质地	砂岩
原石情况	正面、背面、上侧面平整；下侧面呈毛石状；左、右侧面平整，凿人字纹。
所属墓群	不详
组合关系	不详
画面简述	卷云鸟兽纹。卷云中穿插鸟、两翼兽、鹿、羽人按虎头、三角怪兽、熊。画面素面边框上，阴刻翼龙，推测为正式刻画前的试刻。
著录与文献	未发表
出土/征集时间	1998 年征集
收藏地	绥德县博物馆

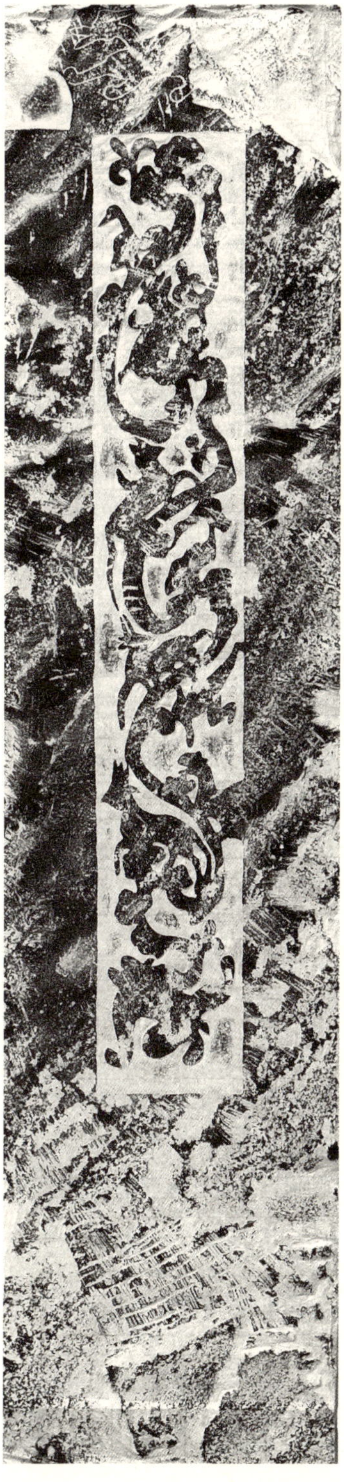

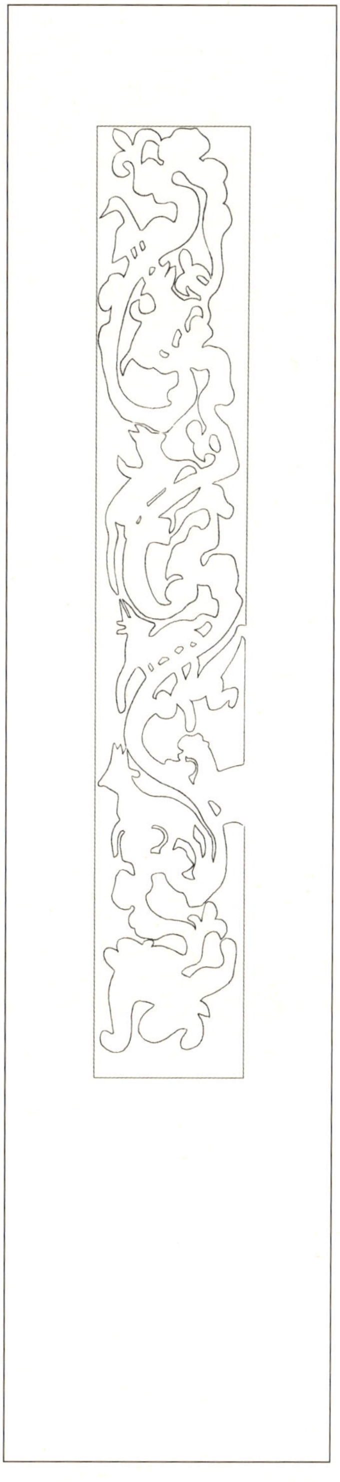

编号	SSX-SD-087
时代	东汉
原收藏号	不详
出土地	四十里铺镇
原石尺寸	194×38
画面尺寸	不详
质地	砂岩
原石情况	正面平整。
所属墓群	不详
组合关系	不详
画面简述	画面分为内、外两栏。外栏为卷云纹。左右两端阳刻一圆形，象征日、月。内栏为朱雀、玉兔图。左右两边均刻玉兔捣药。中间两凤鸟伫立，凤鸟之后各有两朱雀飞翔，画面以三株高大的瑞草为间隔，使两边的捣药玉兔、朱雀、凤鸟相互对称。
著录与文献	绥德汉画像石展览馆编，李贵龙、王建勤主编：《绥德汉代画像石》，西安：陕西人民美术出版社，2001 年，130 页，图 70；曹世玉总编：《绥德文库——汉画像石卷》，北京：中国文史出版社，2004 年，358 页，图 334。
出土/征集时间	不详
收藏地	不详

129

编号	SSX-SD-088
时代	东汉
原收藏号	无
出土地	四十里铺镇
原石尺寸	50×40×5
画面尺寸	35×30
质地	砂岩
原石情况	原石下段残佚。正面、背面平整；上侧面平整，凿粗糙的人字纹；下侧面为断面；左侧面平整；右侧面平整，凿人字纹。
所属墓群	不详
组合关系	不详
画面简述	残留朱雀。
著录与文献	未发表
出土/征集时间	不详
收藏地	绥德县博物馆

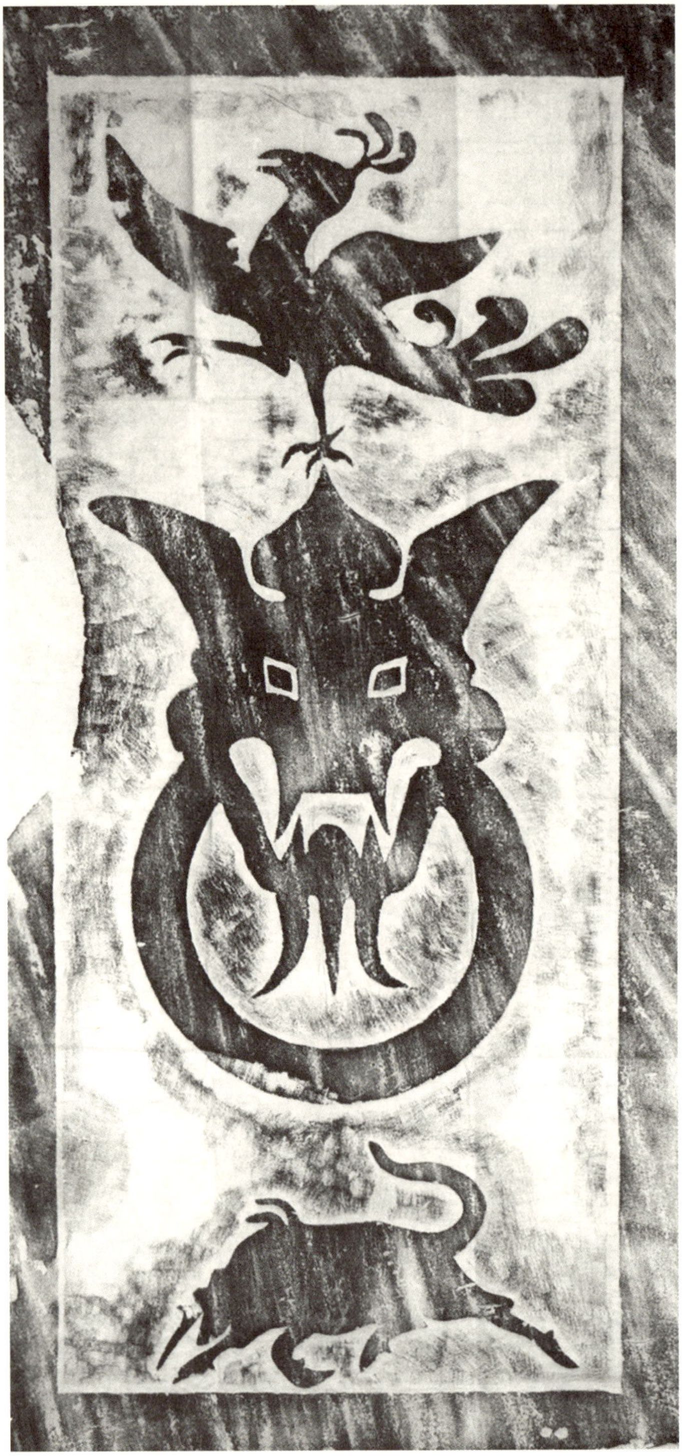

编号	SSX-SD-089
时代	东汉
原收藏号	不详
出土地	四十里铺镇
原石尺寸	105×53
画面尺寸	不详
质地	砂岩
原石情况	正面平整。
所属墓群	不详
组合关系	不详
画面简述	朱雀、铺首、独角兽图。
著录与文献	李林、康兰英、赵力光：《陕北汉代画像石》，西安：陕西人民出版社，1995 年，图 581；曹世玉总编：《绥德文库——汉画像石卷》，北京：中国文史出版社，2004 年，482 页，图 445。
出土/征集时间	不详
收藏地	西安碑林博物馆

辛店乡郝家沟墓门面五石组合

SSX-SD-090-01—SSX-SD-090-05

编号	SSX-SD-090-01
时代	东汉
原收藏号	无
出土地	辛店乡郝家沟
原石尺寸	204×31×7
画面尺寸	不详
质地	砂岩
原石情况	正面平整；左、右侧面呈毛石状；上、下侧面平整。
所属墓群	不详
组合关系	门楣石，与左、右门柱，左、右门扉为墓门面五石组合。
画面简述	画面分为上下两栏，上栏为卷云纹组成的边饰，飘动的云头上幻变出了各种禽兽头形。下栏画面刻画建筑和车骑出行、迎宾图。画面正中是一处宽敞的庭院，方正的围墙内有一座面阔较大的厅堂建筑，屋顶站立金乌。厅堂内两人施礼对拜，居右者应是主人，居左者是来宾或拜谒者。厅堂外的院子里，仆役们各司其职：厅前的仆役隆背站立，双臂朝前平伸，作恭迎客人状；厅后的仆役双膝跪地，拱手作拜迎迓状；另一仆役双手捧物，作听候调遣状。围墙内还可看到另一处形制相似的庭院建筑，前后有门。围墙外又有四栋房子，屋顶有四叶形风车状的不明物。
著录与文献	榆林市文管会、绥德县博物馆：《绥德县辛店乡郝家沟村汉画像石墓清理简报》，载《中国汉画研究》第二卷，2006年，14页，图3。
出土/征集时间	2002年出土
收藏地	榆林市文物保护研究所

编号	SSX-SD-090-02
时代	东汉
原收藏号	无
出土地	辛店乡郝家沟
原石尺寸	118×40×7
画面尺寸	不详
质地	砂岩
原石情况	正面、背面平整；上、右侧平整；左、下侧面呈毛石状。
所属墓群	不详
组合关系	左门柱，与门楣石，右门柱，左、右门扉为墓门面五石组合。
画面简述	画面分为上、下两格。上格分为内、外两栏。外栏为卷云纹。内栏东王公头戴王冠，着袍侧坐于仙山神树之上，前后物像不明，头顶有卷云状华盖。树干间有龙首伸出，瑞草生长。下格为一门吏戴冠着长袍，胡须飘拂，拥彗面门而立。
著录与文献	榆林市文管会、绥德县博物馆:《绥德县辛店乡郝家沟村汉画像石墓清理简报》，载《中国汉画研究》第二卷，2006年，14页，图3。
出土/征集时间	2002年出土
收藏地	榆林市文物保护研究所

编号　SSX-SD-090-03

时代　东汉

原收藏号　无

出土地　辛店乡郝家沟

原石尺寸　120×40×7

画面尺寸　不详

质地　砂岩

原石情况　正面、背面平整；左、上侧面平整；右、下侧面呈毛石状。

所属墓群　不详

组合关系　右门柱，与门楣石，左门柱，左、右门扉为墓门面五石组合。

画面简述　画面分为上、下两格。上格分为内、外两栏。外栏为卷云纹。内栏西王母头戴王冠，着袍侧坐于仙山神树之上，前后物像不明，头顶有卷云状华盖。树干间有一鸟站立，一有尾兽回首。下格为一门吏戴冠着长袍，捧笏牍面门而立。

著录与文献　榆林市文管会、绥德县博物馆:《绥德县辛店乡郝家沟村汉画像石墓清理简报》，载《中国汉画研究》第二卷，2006年，14页，图3。

出土/征集时间　2002年出土

收藏地　榆林市文物保护研究所

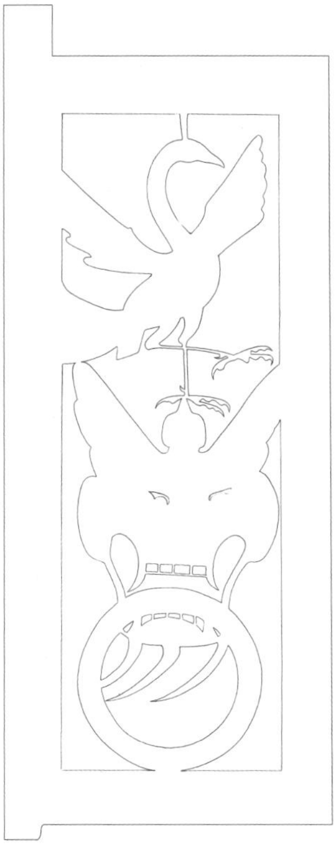

编号	SSX-SD-090-04
时代	东汉
原收藏号	无
出土地	辛店乡郝家沟
原石尺寸	114×48×4
画面尺寸	不详
质地	砂岩
原石情况	正面、背面平整；上、下、左、右侧面平整。
所属墓群	不详
组合关系	左门扉，与门楣石，左、右门柱，右门扉为墓门面五石组合。
画面简述	朱雀、铺首图。铺首的眼睛、口腔、牙齿阴刻。
著录与文献	榆林市文管会、绥德县博物馆:《绥德县辛店乡郝家沟村汉画像石墓清理简报》，载《中国汉画研究》第二卷，2006年，14页，图3。
出土/征集时间	2002年出土
收藏地	榆林市文物保护研究所

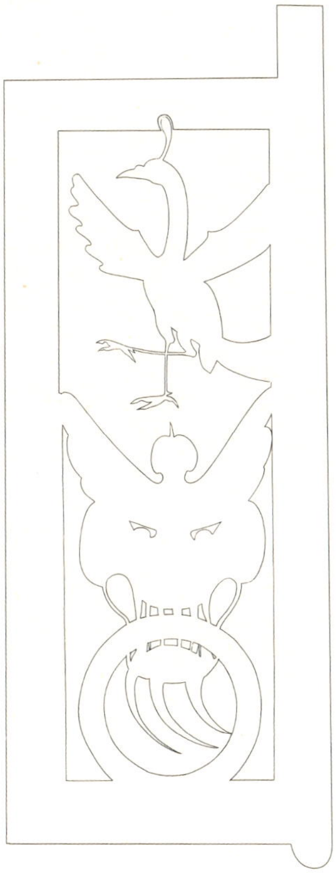

编号	SSX-SD-090-05
时代	东汉
原收藏号	无
出土地	辛店乡郝家沟
原石尺寸	114×49×4
画面尺寸	不详
质地	砂岩
原石情况	正面、背面平整；上、下、左、右侧面平整。
所属墓群	不详
组合关系	右门扉，与门楣石，左、右门柱，左门扉为墓门面五石组合。
画面简述	朱雀、铺首图。铺首的眼睛、口腔、牙齿阴刻。
著录与文献	榆林市文管会、绥德县博物馆:《绥德县辛店乡郝家沟村汉画像石墓清理简报》，载《中国汉画研究》第二卷，2006年，14页，图3。
出土/征集时间	2002年出土
收藏地	榆林市文物保护研究所

辛店乡郝家沟墓室前室南壁五石组合

SSX-SD-090-06—SSX-SD-090-10

 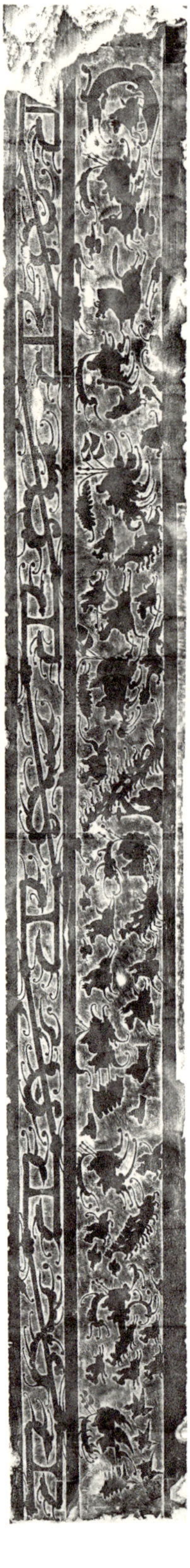 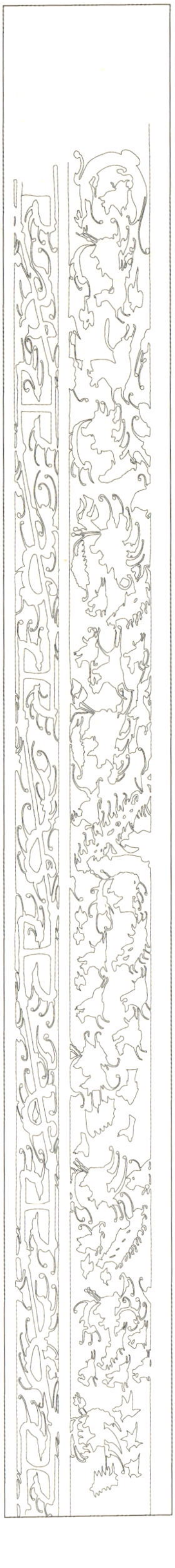

编号	SSX-SD-090-06
时代	东汉
原收藏号	无
出土地	辛店乡郝家沟
原石尺寸	317×36×9
画面尺寸	不详
质地	砂岩
原石情况	正面、背面平整；正面右端有突起；上、下、左侧面平整；右侧面呈毛石状。
所属墓群	不详
组合关系	横楣石，与左、右边柱，左、右门柱为墓室前室南壁五石组合。
画面简述	画面分为上、下两栏。上栏为卷云纹。下栏为仙人出游图。画面从左至右共分为九组。第一组：五仙鹤（鸟？）并为一排拉一平板云车，车左有三位骑鹤仙人相随。第二组：三只仙兔拉云车，前、左、右均有骑兔仙人相随。第三组：五虎拉云车，前有飞鸟，左、右有骑虎仙人伴随。第四组：五条大鲸鱼驾云车，三位乘鲸鱼仙人伴随。第五组：三只仙鹿拉云车，四位骑鹿仙人伴随左右。第六组：八龙驾云车，两位乘龙仙人相随。乘龙车者头戴进贤冠，身着长袍，胡须飘拂。龙车前面的树下，一人作揖跪迎。第七组：三羊驾云车，左、右有四名骑羊仙人伴飞。第八组：一鸟首人身的怪物驾云车，之后一天马尾随伴飞。第九组：天马拉云车，一骑吏后从。一龙躯体弯曲成环形，半包围尾随的骑吏。
著录与文献	榆林市文管会、绥德县博物馆：《绥德县辛店乡郝家沟村汉画像石墓清理简报》，载《中国汉画研究》第二卷，2006年，15页，图4。
出土/征集时间	2002年出土
收藏地	榆林市文物保护研究所

编号	SSX-SD-090-07
时代	东汉
原收藏号	无
出土地	辛店乡郝家沟
原石尺寸	124×34×9
画面尺寸	不详
质地	砂岩
原石情况	正面、背面平整；上、左、右侧面平整；下侧面呈毛石状。
所属墓群	不详
组合关系	左边柱，与横楣石，右边柱，左、右门柱为墓室前室南壁五石组合。
画面简述	粗条几何纹与卷云纹交织组合的图案，卷云的云头幻化出诸多灵禽瑞兽。
著录与文献	榆林市文管会、绥德县博物馆：《绥德县辛店乡郝家沟村汉画像石墓清理简报》，载《中国汉画研究》第二卷，2006年，15页，图4。
出土/征集时间	2002年出土
收藏地	榆林市文物保护研究所

编号	SSX-SD-090-08
时代	东汉
原收藏号	无
出土地	辛店乡郝家沟
原石尺寸	123×33×9
画面尺寸	不详
质地	砂岩
原石情况	正面平整；下部边框部分有密集的凿痕。
所属墓群	不详
组合关系	右边柱，与横楣石，左边柱，左、右门柱为墓室前室南壁五石组合。
画面简述	粗条几何纹与卷云纹交织组合的图案，卷云的云头幻化出诸多灵禽瑞兽。
著录与文献	榆林市文管会、绥德县博物馆：《绥德县辛店乡郝家沟村汉画像石墓清理简报》，载《中国汉画研究》第二卷，2006 年，15 页，图 4。
出土/征集时间	2002 年出土
收藏地	榆林市文物保护研究所

编号	SSX-SD-090-09
时代	东汉
原收藏号	无
出土地	辛店乡郝家沟
原石尺寸	123×33×9
画面尺寸	不详
质地	砂岩
原石情况	正面平整；下侧面呈毛石状。
所属墓群	不详
组合关系	左门柱，与横楣石，左、右边柱，右门柱为墓室前室南壁五石组合。
画面简述	画面分上、下两格。上格东王公头戴王冠，着袍侧坐仙山神树之上，顶有卷云形华盖。左、右有两头戴王冠的仙人处于卷云间。上部左、右又各有一仙人坐于卷云上。下格旁竖一马槽，一马拴于树上，在马槽旁伫立。树枝上两鸟站立。
著录与文献	榆林市文管会、绥德县博物馆：《绥德县辛店乡郝家沟村汉画像石墓清理简报》，载《中国汉画研究》第二卷，2006年，15页，图4。
出土/征集时间	2002年出土
收藏地	榆林市文物保护研究所

编号	SSX-SD-090-10
时代	东汉
原收藏号	无
出土地	辛店乡郝家沟
原石尺寸	124×34×8
画面尺寸	不详
质地	砂岩
原石情况	正面平整。
所属墓群	不详
组合关系	右门柱，与横楣石，左、右边柱，左门柱为墓室前室南壁五石组合。
画面简述	画面分上、下两格。上格西王母头戴王冠，着袍侧坐仙山神树之上，顶有卷云形华盖。左、右有两头戴王冠的仙人陪坐。树干间有一头戴王冠的仙人坐于卷云之上，其侧一鸟立于卷云上。突兀的山峰上两鸟站立。下格为树旁竖一马槽，一马拴于树上，在马槽旁伫立。马背配鞍，肚下一物似为障泥。树上空翼龙腾飞，树枝间三鸟飞翔。
著录与文献	榆林市文管会、绥德县博物馆：《绥德县辛店乡郝家沟村汉画像石墓清理简报》，载《中国汉画研究》第二卷，2006年，15页，图4。
出土/征集时间	2002年出土
收藏地	榆林市文物保护研究所

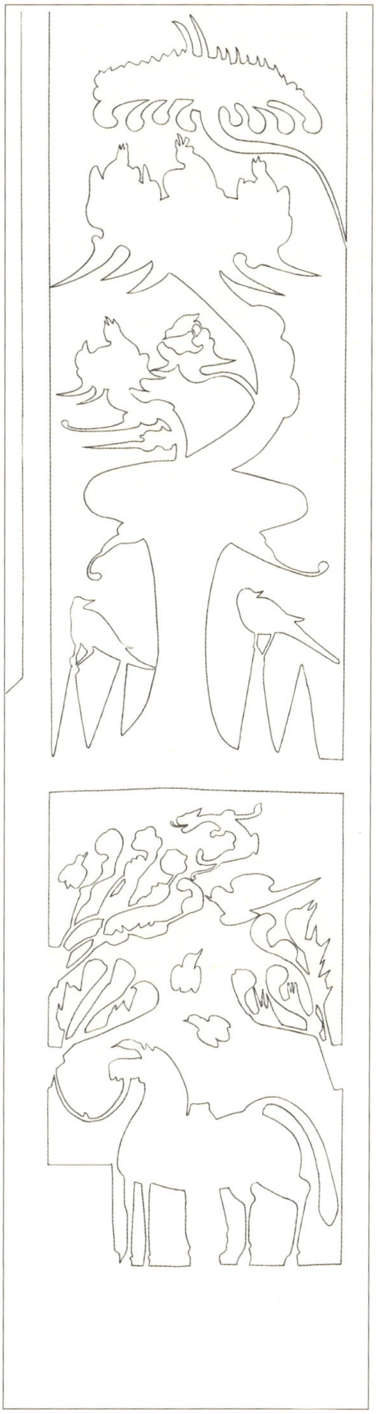

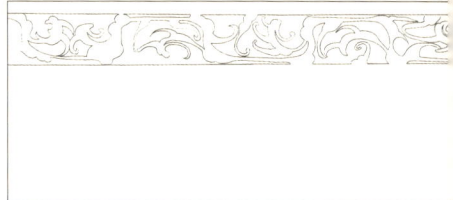

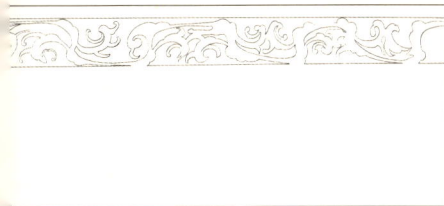

辛店乡郝家沟墓室前室西壁六石组合

SSX-SD-090-11—SSX-SD-090-16

编号	SSX-SD-090-11
时代	东汉
原收藏号	无
出土地	辛店乡郝家沟
原石尺寸	324×34×8
画面尺寸	不详
质地	砂岩
原石情况	正面平整；上、下、左、右侧面呈毛石状。
所属墓群	不详
组合关系	横楣石，与左、右边柱，左、右门柱，门槛石为墓室前室西壁六石组合。
画面简述	画面分为上、下两栏。上栏为卷云纹。下栏为车骑行进图。画面中间是一辆四维轩车，前后各有四辆轺车相随。前面四轺车前、后均有导有从。轩车之后六骑吏伴随。其后随行的四轺车，仅有一吏徒步伴行。
著录与文献	榆林市文管会、绥德县博物馆：《绥德县辛店乡郝家沟村汉画像石墓清理简报》，载《中国汉画研究》第二卷，2006年，17页，图5。
出土/征集时间	2002年出土
收藏地	榆林市文物保护研究所

编号	SSX-SD-090-12
时代	东汉
原收藏号	无
出土地	辛店乡郝家沟
原石尺寸	117×37×7
画面尺寸	不详
质地	砂岩
原石情况	正面、背面平整；上、左侧面平整；右、下侧面呈毛石状。
所属墓群	不详
组合关系	左边柱，与横楣石，右边柱，左、右门柱，门槛石为墓室前室西壁六石组合。
画面简述	几何条纹与卷云纹交织组合的图案。
著录与文献	榆林市文管会、绥德县博物馆：《绥德县辛店乡郝家沟村汉画像石墓清理简报》，载《中国汉画研究》第二卷，2006年，17页，图5。
出土/征集时间	2002年出土
收藏地	榆林市文物保护研究所

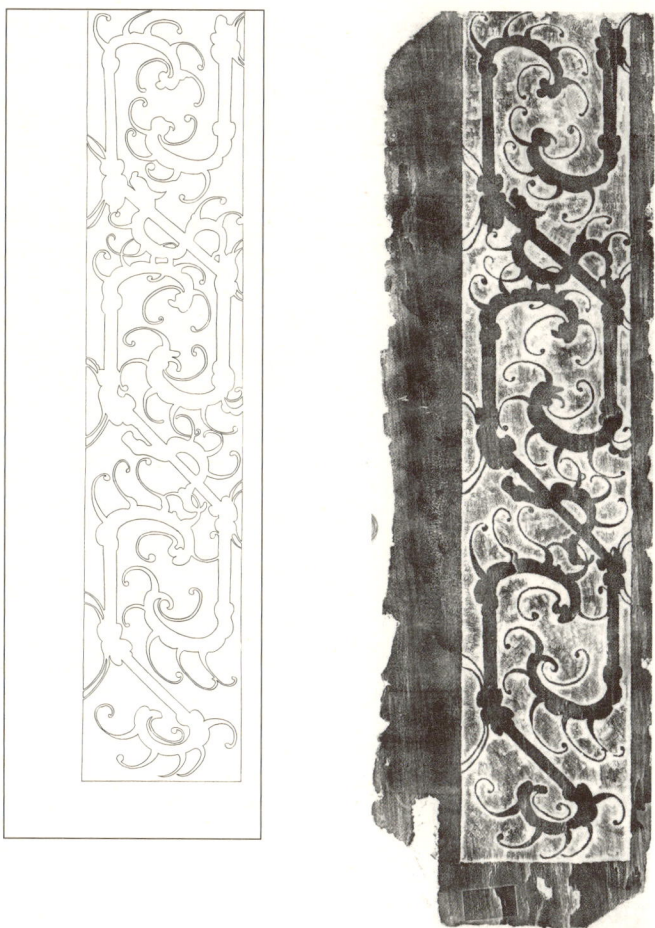

编号	SSX-SD-090-13
时代	东汉
原收藏号	无
出土地	辛店乡郝家沟
原石尺寸	118×36×8
画面尺寸	不详
质地	砂岩
原石情况	正面、背面平整；上、右侧面平整；左、下侧面呈毛石状。
所属墓群	不详
组合关系	右边柱，与横楣石，左边柱，左、右门柱，门槛石为墓室前室西壁六石组合。
画面简述	直条几何纹与卷云纹交织组合的图案。
著录与文献	榆林市文管会、绥德县博物馆:《绥德县辛店乡郝家沟村汉画像石墓清理简报》，载《中国汉画研究》第二卷，2006年，17页，图5。
出土/征集时间	2002年出土
收藏地	榆林市文物保护研究所

编号	SSX-SD-090-14
时代	东汉
原收藏号	无
出土地	辛店乡郝家沟
原石尺寸	119×45×9
画面尺寸	不详
质地	砂岩
原石情况	正面、背面、上侧面、左侧面、右侧面基本平整；左下角残，右下角石面剥蚀；下侧面呈毛石状。
所属墓群	不详
组合关系	左门柱，与横楣石，左、右边柱，右门柱，门槛石为墓室前室西壁六石组合。
画面简述	画面分为左、右两栏。左栏为卷云纹。右栏为东王公戴王冠，侧坐于仙山神树之上，头顶有卷云状华盖。仙山神树间有瑞草生长，云气缭绕。突兀的山峰上一鸟缩颈站立。
著录与文献	榆林市文管会、绥德县博物馆:《绥德县辛店乡郝家沟村汉画像石墓清理简报》，载《中国汉画研究》第二卷，2006 年，17 页，图 5。
出土/征集时间	2002 年出土
收藏地	榆林市文物保护研究所

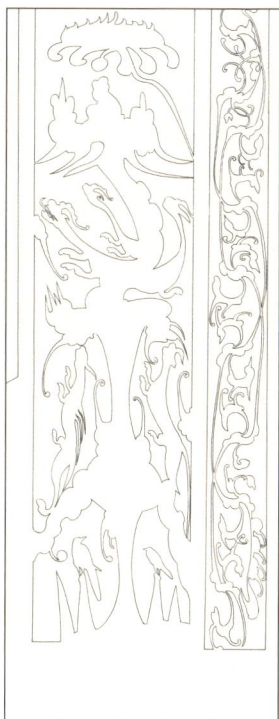

编号	SSX-SD-090-15
时代	东汉
原收藏号	无
出土地	辛店乡郝家沟
原石尺寸	119×46×9
画面尺寸	不详
质地	砂岩
原石情况	正面、背面平整；上、左、右侧面平整；下侧面呈毛石状。
所属墓群	不详
组合关系	右门柱，与横楣石，左、右边柱，左门柱，门槛石为墓室前室西壁六石组合。
画面简述	画面分为左、右两栏。右栏为卷云纹。左栏为西王母侧坐于仙山神树之上，头顶有卷云状华盖。仙山神树间有龙首伸出，两虎直立，瑞草生长，云气缭绕。突兀的山峰上两鸟站立。
著录与文献	榆林市文管会、绥德县博物馆:《绥德县辛店乡郝家沟村汉画像石墓清理简报》，载《中国汉画研究》第二卷，2006 年，17 页，图 5。
出土/征集时间	2002 年出土
收藏地	榆林市文物保护研究所

编号	SSX-SD-090-16
时代	东汉
原收藏号	无
出土地	辛店乡郝家沟
原石尺寸	99×23×6
画面尺寸	不详
质地	砂岩
原石情况	正面刻画图案处平整；下半部为毛石面；上侧面平整；左、右、下侧面呈毛石状。
所属墓群	不详
组合关系	门槛石，与横楣石，左、右边柱，左、右门柱为墓室前室西壁六石组合。
画面简述	卷云纹。
著录与文献	榆林市文管会、绥德县博物馆:《绥德县辛店乡郝家沟村汉画像石墓清理简报》，载《中国汉画研究》第二卷，2006年，18页，图6。
出土/征集时间	2002年出土
收藏地	榆林市文物保护研究所

编号	SSX-SD-090-17
时代	东汉
原收藏号	无
出土地	辛店乡郝家沟
原石尺寸	25×25×16（正面）；24×25×16（背面）
画面尺寸	不详
质地	砂岩
原石情况	正面、背面和上、下、左、右侧面均平整。
所属墓群	不详
组合关系	
画面简述	正中阴刻一圆，圆环伸出四条宽带联结边框四角。出土时可见有朱红彩涂绘的痕迹。
著录与文献	榆林市文管会、绥德县博物馆:《绥德县辛店乡郝家沟村汉画像石墓清理简报》，载《中国汉画研究》第二卷，2006年，18页，图6。
出土/征集时间	2002年出土
收藏地	榆林市文物保护研究所
备注	墓室前室顶部石

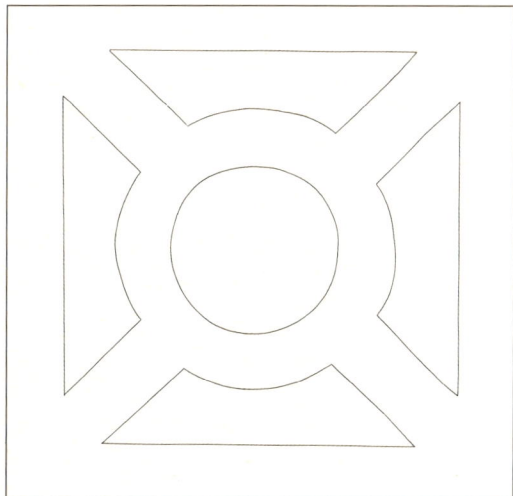

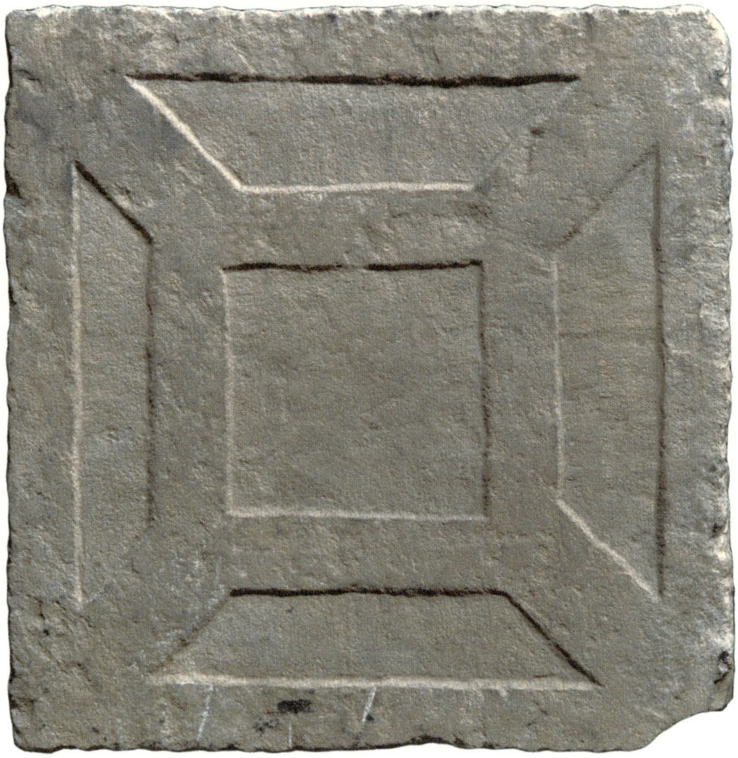

编号 SSX-SD-090-18
时代 东汉
原收藏号 无
出土地 辛店乡郝家沟
原石尺寸 25×25×16（正面）；22×23×16（背面）
画面尺寸 不详
质地 砂岩
原石情况 正面、背面和上、下、左、右侧面均平整。
所属墓群 不详
组合关系
画面简述 正中阳刻方形，方形四角各伸出一宽带与边框一角相连。
著录与文献 榆林市文管会、绥德县博物馆:《绥德县辛店乡郝家沟村汉画像石墓清理简报》，载《中国汉画研究》第二卷，2006年，18页，图6。
出土/征集时间 2002年出土
收藏地 榆林市文物保护研究所
备注 墓室后室顶部石